名师名校名校长

凝聚名师共识
回应名师关怀
打造名师品牌
培育名师群体

带班，有真趣

——基于『幸福教育』思考的教育教学手记

罗苑梅 著

西南大学出版社
国家一级出版社 全国百佳图书出版单位

图书在版编目（CIP）数据

带班，有真趣：基于"幸福教育"思考的教育教学手记 / 罗苑梅著. -- 重庆：西南大学出版社，2023.12
ISBN 978-7-5697-2161-4

Ⅰ.①带… Ⅱ.①罗… Ⅲ.①班主任工作 Ⅳ.①G451.6

中国国家版本馆CIP数据核字(2023)第239763号

带班，有真趣——基于"幸福教育"思考的教育教学手记
DAIBAN YOU ZHEN QU JIYU XINGFU JIAOYU SIKAO DE JIAOYU JIAOXUE SHOUJI

罗苑梅　著

责任编辑：	秦　路
书籍设计：	言之凿
出版发行：	西南大学出版社（原西南师范大学出版社）
印　　刷：	北京政采印刷服务有限公司
幅面尺寸：	170 mm×240 mm
印　　张：	11.75
字　　数：	187千字
插　　页：	1
版　　次：	2023年12月　第1版
印　　次：	2023年12月　第1次印刷
书　　号：	ISBN 978-7-5697-2161-4
定　　价：	58.00元

校园里的劳动基地是我们最喜欢的地方之一。劳动使我们知道蔬菜生长规律，懂得"阳春布德泽，万物生光辉"。劳动综合实践课之后，老师与学生合影。

每月一期的主题活动充满仪式感,既见证我们的成长,又教我们懂得感恩。

"昂首阔步我们自律,幸福优秀我们努力"的班级成长理念,引领我们收获非同寻常的成长历程。

序言
PREFACE

由一棵桃花心木想开去

在我任职时间最长的校园里，当时办公室的走廊前，有六棵桃花心木长得特别茂盛、特别茁壮。在我刚刚就职的新校园里，也种植了十来棵桃花心木。因为新移植，绿叶还未显婆娑，却也长得笔直挺拔。说来很奇妙，这树，竟是因为一篇课文而让我喜欢上的树。小学语文课本里的《桃花心木》中讲到，种树人种植桃花心木采用让其在"不确定环境中生长"的办法，使我想到教育学生是同样一个道理。这课文也让我常常想起小学时代的老师们。时光过去三十多年，我们已经无从揣测他们的年龄。记忆中的他们仍是我们小学时代的模样，是曾经多次给我们家访的班主任或老师。

时至今天，我仍经常回味小学时代最刻骨铭心、不可多得的幸福。当时有很长一段时间，学校停了自来水。老师带着我们到最近的一条小河去抬水。要是走得快，也得用十五分钟。记不清与我同去的是哪些同学，记不起同行人的姓名，却深感那样的日子就是我们小学时代的幸福时光。五年级的儿童节，班主任组织我们排练舞蹈《踏浪》。我们很认真也很努力地训练着，每天下午放学后都练得很晚。演出如期开始，那是我整个小学生时代唯一一支舞，虽不是主角，却让我一生铭记。那些小学老师，他们所传递的叫作"坚韧"的东西，在我心里开了一朵艺术的花。"小小的一片云啊，慢慢地飘过来，请你歇歇脚呀，暂时留下来……"也许我们小学时代的老师们，以及此后在中学、大学，甚至在职求学路上所遇见的每一位老师或导师，已不记得我们这些学生，然而有些种子早已萌芽。我突然觉得，我们就是那样一棵棵桃花心木，而我们的老师们，就是那可亲可敬的种树人。

后来，我也成为一名教育工作者，从事着我的老师们曾经从事的职业，成为我的老师们那样热爱生活、热爱教育的人。是我的老师们，点燃了我的教育梦想，激发了我的教育热情，引领着我努力成为他们那样脚踏实地、怀揣梦想的教育工作者。当我在职业道路中遭遇各种各样的迷茫、困惑和挑战，遇见各种棘手的教育问题和难题，我把所有的际遇都看作是《桃花心木》中讲到的那样，是"不确定环境中"的生长和成长，是对自己的锤炼。同时我相信，理想、信念是可以一代代相传承的。如今，我的一些学生也走上教书育人这条路，他们中有的是高等院校里的辅导员，有的成为中学老师、幼儿园老师，但大多数和我一样，是一名小学老师。在整个不确定的教育教学过程中，我们可以用自己确定的努力，去面对不确定的学生、不确定的课堂、不确定的教育场景以及诸多不确定的教育导因。在众多的不确定性面前，我们为教育初心所做的不懈努力将会是教育的最大确定力，也将因这初心而成就教育事业最确定的希望。

如果说桃花心木是我在不确定带班过程中所遇到的确定真趣和幸福，那么当我们遇见了学生，就会因学生而聚于班级。为了教育的美好成就，我们终将可以做出一些努力。而这样的教育，也终将如寒梅的绽放过程一样，总要经历一整年的寂寞，到了冬天才能展现花苞，并且越是到了严寒的冬季，越能盛开得无比灿烂。"已是悬崖百丈冰，犹有花枝俏，俏也不争春，只把春来报。"我们的教育，我们的班级，有大爱、有温暖、有趣味，这是师生的彼此成长、相互成就。或笑或泪，或苦或累，皆为师生成长路上独一无二的风景。不忘教育初心，坚定教育信念，带班就有趣，就有幸福感，仿若冬季里绽放的梅花，始终香如故。

罗红梅

2023年2月23日

目 录
CONTENTS

上 篇　我与班级

- 002　遇见不确定的班级
- 005　班主任的小确幸
- 007　确认过眼神
- 009　刚好遇见
- 011　学生"好怕"
- 013　新学期换老师
- 016　第一个集体生日会
- 018　换个座位需要理由吗
- 020　第一次"争端"
- 022　意料之外
- 024　麻花念
- 026　"告别"微班会
- 028　我们的节日
- 030　老师请吃早餐
- 032　拍　照
- 034　老师很生气
- 037　建议书
- 039　新年"礼物"
- 041　结业也有仪式感
- 043　我们毕业啦
- 045　毕业仨月就回聚

047	男生为女生系鞋带
049	"龙头龙尾"
051	尊重一件上衣
053	变形记
055	难忘的第一次（王智昊）
057	第一次过班级生日（高少慧）

中 篇　我与课堂

060	把每一节课都上成讲座
062	课堂上一起闻花喝茶
064	语文课中的数学趣味
067	班会课不一般
069	斤斤计较
071	那样丑的脸，那样长的牙
073	什么叫"会背诵了"
075	扭转唱读
077	我不会写
080	"倒着写"的课文
082	学生读老师写的文章
084	趣味竹节人
086	诗教《白鹭》
088	老师回来了
090	老师是"妈妈"
092	语文老师的音乐课（严怡婷）
093	笑声哈哈哈（官智聪）
094	课堂的最美笑声（鲁海楠）

095	特殊的语文课（李英）
097	第一次懂得（刘欣雨）
099	这样一个小教训（邱意朗）
101	收 获（计欣言）
102	老师教写作文（周先均）
104	老师教学诗词（虞桂香）
106	老师教写诗歌（姜德豪）

下篇　我与学生

110	在鸡毛蒜皮里感受深爱
113	老师给你剪指甲
115	老师邀你合影
117	名字叫"都可以"
119	"小凳子"
121	温暖是你
122	拥抱电线杆的女生
124	"乐先生"
126	老师，您什么时候写写我
128	对不起，老师
130	"我还有救吗"
132	老师，您跑了多少圈
134	爱阅读的你真美丽
136	告诉您一个秘密
138	初见"许大书法家"
140	亲爱的小孩
142	想念一个女生

144	老罗风趣
146	蜕 变（叶昊）
147	老师来了（欧晓芸）
148	老师特别（曾雯熙）
149	严厉的老师（陈佳凯）
150	心 窗（方小俊）
151	心 声（易欢欢）

附 录 我与研究

154	幸福班级创建小策略
158	幸福主题班会素材的提炼
162	学科融合幸福德育的实践
165	基于语文核心素养，探索课堂学习策略
168	以学生为本的语文核心素养学习策略探究
172	助力孩子做一粒好种子

| 176 | 后 记 |

上篇 我与班级

WOYUBANJI

带班，
有真趣
DAIBAN, YOU ZHEN QU

遇见不确定的班级

这个学期开学三周之后,我终于接回这个班,继续担任这个班的班主任,突然有种"复活"的重生感!"复活"这般语言表述也许夸张了些,却是我当时最真挚和最贴切的感受。我终于又可以在课堂里与学生面对面,继续担任这些学生喜欢的老师。现在,班里的学生和我一样,已深知这机会"来之不易",倍加珍惜师生共处的时间。于是,每节课都在彼此的期待中开始,又在大家的欢喜中结束。课堂结束或下课离开,学生不再像从前一样说"谢谢老师,老师辛苦了"或者"谢谢老师,老师再见"之类的话,而是异口同声道"期待罗老师",也有时候会说"期待下一节课"。于是乎,我也顺口接一句"期待下一节课",然后甩甩手,做个"拜拜"的手势,走过学生身边,从从容容又心满意足地走出了教室。

宋代黄庭坚在《赞东坡先生》中说:"东坡之酒,赤壁之笛,嬉笑怒骂,皆成文章。"做一棵桃花心木,做一个像我老师那样的种树人,我自思量,便借用一句"嬉笑怒骂皆为教育",那种属于教育、属于老师、属于学生,由课堂主导而引发了学生与老师共同碰撞的思想火花,令我欣喜。因为在我们的课堂上,教育理想得到了最大限度的实现和伸展。在这里,只有师生的成长,只有师生的彼此成就,没有职业倦怠的无可奈何,一切教学过程和教育趣事都在最常规的状态下得到最真实的呈现。

"只有一个学年的相遇期——享受学习,成就理想——优秀是一种习惯,读书是为了不输!"从班级交接的最开始,我就用"宿命"的标准和态度对待和要求我们六（2）班的学生。并且作为班主任，从9月1日为学生举行以"祝贺升上六年级"为主题的面对面的第一节班会课，到次年即第二学期末于7月11日举行的隆重小学毕业典礼，我极力把班级工作做到无法被超越的极致。

在整整一学年中，这个班级举办的各类主题活动，似乎比往届所带的班级举行得更丰富多彩、更民主自治，也似乎更推陈出新，这班学生在活动过程中集体体验到的领域则更宽、更广、更深。这大概得益于我这"年老的新班主任"经历了更多的培训学习，获得了更多班主任工作教育智慧和创新思维的提升，工作方法技巧得到了探索和更新。师生尽自己最大能力在不忽略成绩的基础上，一如既往坦然自若、波澜不惊地学习着、成长着。于是，我们班学生集体经历和感受着更多意义非凡的各种"第一次"主题体验活动："友谊二重唱：祝福理想"，直面师兄师姐的机遇；"分享•同乐"，或"心心相印"，或直白明了如"宝贝生日快乐"，共享生日蛋糕的集体生日会；看一场小电影，如《飞屋环游记》《草房子》，延伸出怀揣美好梦想的独特电影节；写则日记，写出大方得体的青葱岁月；综合实践课上，一个小小的地球仪就能成就一场"纵观世界•放眼未来"的主题班会；带上一个小苹果或展开几道数学题，就能洋洋洒洒蔓延出"'疯狂'语文课"的满腔惊喜……最不可忘怀的，自然是小学毕业典礼的盛况了。这场可以说是空前的小学毕业盛会，除了本班、本校老师参与之外，还有全班每一个学生的家长、未来的中学老师（这一届学生小学毕业后升读的相应初中学校的老师）、正在就读初中或大学或已工作的师兄师姐们（我曾经的学生）。在这里，每一个学生拥有了人生第一本以他们为主角的限量版专辑——《我们，正年少》。我以为师生不过是拥有一学年的相遇期而已，我也以为7月11日毕业典礼结束后，一切便自然而然地结束了，然而没有，好像一切都只是"我以为"……

这届学生小学毕业后，从9月份新学期开始，每一个周末前夕，这班学生竟从未间断到小学母校来看看老师，看看我，每一个周末！陈佳和吴思来了，下一次便是肖珊和李小英，黄鸿那五个"老铁"来得就更勤了。有一个星期五下午放学后，我因事离开办公室，再回到办公室门口时，只见邓思正拿着张纸垫在墙上写着什么。可能是等了我十多分钟都不见我回来而想到写个字条留言吧！当我轻轻叫道"邓思"时，她扭过头来，以为没能见到却见到了的意外惊喜，使她激动的眼泪哗地流了下来。我想起前一周星期四下午，我到他们学校（初中学校）观摩学习，见到了我那些曾经教过的学生们，没想到比他们高一届的同学给我拥抱之后，他们竟没有了从前的羞涩，也都勇敢地在那么多同学面前给我一个热烈的拥抱。后来在饭堂相遇另一部分学生，曾经的班长肖珊居然端着饭碗直抹眼泪。黄嘉是在我临离开饭堂时来的，一相见，亦是止不住地直流眼泪……这是自他们小学毕业后，我们第一次遇见，不见面的时间太久，异常思念。从饭堂出来，在篮球场边，小烨追着跑出来，拉着我说："我就想对你说两个字。"她让我蹲下来，轻轻地亲了下我的脸颊，然后说了无数声"再见"。也许，情深所至，竟致无言。原来，有一些师生情谊早已经深深在彼此心里扎根。

漫漫教育路，所谓"立德树人"，就是永远都要把学生的事放在第一位，把学生的身心健康成长放在第一位。有师爱，也有学生回馈的真情，这是让人无比珍惜的真诚与温暖。遇见不确定的班级，我们付出的是确定的真诚与爱，教育便是如此长情和美好。

班主任的小确幸

做班主任，感受着师生相互成就的美好，能够时刻感受到教育工作的幸福无处不在。

星期一一大早，我刚上了楼梯，就听到琅琅读书声。我轻轻站在教室后门外，看见陈小勇已经站在讲台上带读了——今天轮到"行政长官"陈小勇领读。上课铃声响过，他们继续专心致志地读着，像我平常教他们的一样，起伏平缓，节奏有感。为此，在黑板上展示栏里，各个小组在早读这一项得分中都得到一个大大的"√"作为奖励。可别小看这个"√"，每个"√"价值5分，学生可在意了！

周一下午的品德课前，我走在教室外，不经意往教室瞧了瞧，学生都准备好了课本和学具，正安安静静地端坐着，等待品德课老师的到来。真好！这让我感到很是欣慰。他们这样的做法，是我一直要求他们必须且应该做到的，只要不是我的课，大家就这么做。尽管这要求对于学生是常规得不能再常规、基本得不能再基本了，然而强调了和没强调仍然是有区别的。课前安静，教室干净清爽，扫把桌椅都摆放得井井有条、整整齐齐，地板干干净净，墙壁上只要需要布置的地方全都做好，教室文化立刻彰显出独特风格来。我和学生们约定并共同遵守：我们班是独一无二的班，我们要给每一位前来给我们上课的老师带来独一无二的美好感受，让他们更喜欢在我们班上课，更喜欢给我们班的学生上课。学生们做到了！

周二下午语文课，教学新词"迷人"时，我问："在我们教室里，谁最迷人呢？"没想到听到的回答竟是"老师""您"。学生们真是太可爱了！我就说：

"哦？是吗？不是吧？"然后又说："那当然啦！我上课这么有意思，总给你们带来笑声，让你们感到有趣味，我对你们这么好，如果同学们没做好，那我就更'迷人'啦！"他们会意地笑，因为他们都听懂了后半句话的深层含义。而正因为懂得，所以他们更知道要严于律己，把学习和其他的分内事做得更好，我们的班级也一定会更好。

周三下午放学时，学生路队还在走廊逗留着，方小、梁鑫他们好像是突然发现我站在办公室门前似的，赶紧站回队伍中，并且小声提醒其他同学："罗老师！罗老师！"我很自然地走近他们，面向着方小说话："罗老师不在跟前，你就站不好队呀？"正说着，我发觉温洁在我后面拨弄我的头发，就像我平时拨弄女同学的长头发一样，稍带打了个卷儿。我就趁势问他们："我是像现在这样扎头发比较好看呢，还是像以前一样剪短发比较好看？"没想到多数人都小声笑着说："现在这样！"也有一些学生说："都一样好！"

学生们在"幸福成长"的理念下，向着"幸福班级"的方向发展，养成良好的习惯，快乐成长着，便是做老师的幸福。用心做就能做好，享受与学生在一起的时间，是一种真正的幸福享受、一种教师职业幸福的满足。千里之行，始于足下，幸福教育在路上，因爱而来，健步而行。

确认过眼神

2022年9月2日,我接管了五(2)班。这是一个很特别的重组班级。说是重组,实际上都是插班生,班里的学生都是从全国各地的学校转学而来的,由此组成了这样一个有意思的可爱班级。这是学校创办以来招收的第一届五年级学生,两年后,他们也将会成为本校的第一届小学毕业生。学生之间是不太熟悉的,老师和学生也是不熟悉的。面对陌生的学生,与学生面对面的第一节课,我微笑着从教室后门健步走进教室。教室里,学生都是很松散的状态,有几个学生看到我进来,招呼了一声:"老师好!"距离窗边近处的学生,转过头去跟他的好朋友说:"语文老师来了。"有个活泼一些的男生,他直接问我:"你是我们班的语文老师吗?"课堂里并没有因为老师的到来而安静下来,大概是好奇使学生对每一位新同学充满了新鲜感,好些学生仍在窃窃私语。

我从门口走到窗边的同学旁,再往讲台处走,绕着每个小组走了一遍。学生仍然没有完全安静下来,大多数学生看着我走过,一些窃窃私语也传递出各自的好奇和疑惑。我想,老师总应该定个规矩。于是我不吭声,绕过小组后从教室后门出来,沿着教室外的走廊,特意站在教室前门的班级牌子下,对着班级牌驻足了一会儿,让学生都能从窗户看见我在做什么。随后,我再从教室前门走进教室,在讲台边站了一会儿,又转身出来第二次站在教室前门的班级牌子下望向班级牌。当我再次走进教室,学生们望着我,看着我这一连串奇怪的动作,不吱声——大家终于安静下来。

"我走错教室了吗？这是五（2）班吗？"我微笑着说。

"没有。""是五（2）班！"

"没有吗？我心目中的五（2）班可是很有魅力的班级呀！此时此刻展现在我面前的，应该是同学们坐得端端正正的样子呀！你们确定我没有走错教室吗？"我再次从教室里走出来，往班级牌上望了望，再回到教室里。

也许学生受到无形暗示，都已经"正襟危坐"了。嗯，孺子可教！"我现在确定是站在五（2）班的教室里了。小伙伴们，来，睁大眼睛，让我们确认一下眼神。"学生果真用力睁大了双眼，"现在，我们确认过眼神啦，这真是五（2）班，是一个很优秀的班。请同学们为自己点个赞。来，用掌声表示。"学生脸色飞扬起来，掌声热烈。

"这个老师真奇怪！"课后，我听见学生议论着，"可是我觉得我一下子就喜欢她了！"

每当第一次与新班级的学生接触，许多学生对新老师总是充满了好奇，于是呈现出看似散漫的一些场景。如何在"第一见""第一课"就捉住学生经历了一个暑假稍有懈怠而又在新班级里充满好奇的心，需要一些新点子。《吕氏春秋》中讲道："为圆必以规，为方必以矩，为平直必以准绳。"没有规矩，不成方圆。当师生第一次相见，老师有没有与学生一起定好第一规矩，将在很大程度上关系到未来教学的课堂组织、学生秩序守成、学生学业完成等多方面的开展是否能够顺利进行。新班级教师给学生留下的第一印象是否有被信赖感，也将在一定程度上决定了学生对这位教师是否认同。有了规矩才能有秩序，有秩序才能一切各就各位。与学生之间的融洽关系这个头开得好，是一定能助力老师更好地开展班级管理工作和教学工作的。"确认过眼神，我们是五（2）班的人。"当然，教师自身也应该时时提升自己的业务能力和专业素养，一日三省，真正从心底里爱护学生，真正做一位好老师，才是自身成长和获得学生爱戴因素之首要。

刚好遇见

世间一切美好，只因遇见。遇见学生，便遇见教师自我成长过程的锤炼，遇见教育路上幸福的美好风景。《刚好遇见你》这是一首歌的名字（前一些天的音乐课上就已经教学生学唱了，要求学生都能学会并背熟歌词），今天用它来做班会的主题，实在是最恰当不过！但能融合到这样一种彼此默契的状态，却是经历过一番"磨难"的。

这又是一个中途接手的班，53人，在我支教的学校。面对一个新的老师——我，学生最开始是不太适应的，面对这样一个班，最开始我也是很不适应的：一些创新的想法和班级活动的新点子，在短时间内比较难引起他们的互动。用什么样的方式方法，从哪里寻找突破口，才能比较快捷地走入这班学生的视线里，深入他们的心灵里呢？我左思右想，那就来一场师生互动感强一些的主题班会课吧。

黑板上画好了火柴人：做广播体操的、老师带领着排队的、打篮球的、跳绳的……他们不知道新来的老师也会画简笔画，一看这些可爱的火柴人，很是惊讶。没一会儿工夫，"刚好遇见你"就搬到了黑板头条。看到这样一句歌词，大家不约而同地唱起了歌："我们哭了，我们笑着，我们抬头望天空，星星还亮着几颗……"我让学生把"我们哭了"改成"我们见了"再唱一遍，学生唱得更投入了。一歌唱罢，我说："说说你在我们相遇期印象最深刻的是什么事。""乐先生"潘乐一马当先，奔到讲台来："我最难忘的是自从罗老师来了，我'打破'了四个纪录。"他这么一说，大家都来兴趣了，纷纷让他赶紧说出来是哪四个纪录。

他一一道来：一是每堂课上课铃声响过，他都会老老实实坐在自己的座位上；二是第一次得到了奖品；三是第一次感受到有老师把他的姓名喊出了真正的快乐；四是第一次对老师心服口服。

潘乐话音刚落，班里立刻响起了一阵热烈的掌声。是啊，他说的点点滴滴，不正是我们师生相遇以来相处之后的质朴画面吗？这话题引起了大家的共鸣。于是，一名女生走上讲台来了，一个男生走上讲台来了……宋静说起了老师给她剪指甲的事，邓丽讲起了她搂着电线杆意外被我拍了照而感受到了温馨，廖轩讲起了他在我办公室坐在我的办公椅上做作业的自豪，曾熙讲起了在特别颁奖会上同学们收到"太空原生态紫宝石1袋""阿里巴巴黄绿宝石1块""黄金1坨"这些奖励时的欢呼，马至说起了每天早晨在跑道上和老师一起奔跑的独特感受，甚至有同学说起了因为对新到来的老师充满了好奇，而在我办公室门口"偷看"我批改作业时的小心翼翼……往事桩桩件件，在同学们的回忆和描述中，都成了一个个流光溢彩的珍珠！话匣子一开，人人都不甘落后，纷纷举手要求老师给予机会一吐为快。"原来，我们在短短的相遇期里，共同度过了这么多独一无二的难忘时刻呀，这都是你自己或我们班同学共有的第一次经历吗？你们还想创造更多的精彩吗？"得到学生一致的肯定回答后，我趁机打趣道："这样看来，你们还需要罗老师吗？""需要！需要！"机灵如这些学生，诙谐而浓烈。

"水尝无华，相荡乃成涟漪；石本无火，相击而发灵光！""因为我刚好遇见你，留下足迹才美丽……"记住一个人的方式是感受，而这种感受是相互的。师生遇见，果真美好。

学生"好怕"

今天上午老师外出参加学年初报工作会，有两节课没有老师看班，只好实行班级自我管理。这一学期的班级管理目标就是实行学生自信自强的自管自治，虽然知道路漫道远，但仍愿意一试——因为在召开班干部例行会议时，班长肖珊曾说："我们这个班已经比以前好很多了。"学生的话给了我很大的感触与鼓励，也燃起了我继续用幸福理念带班的信心和决心。于是出发前，我在班里宣布了外出开会的事并给同学们布置了相应的事务，也叮嘱了班干部们务必各司其职做好自己的工作。

下午回到学校，美术黄老师见到我说："你们班学生好'怕'你哦，上美术课都安安静静的。"我有些莫名其妙，平时和学生相处之间，我们一直很融洽，充满欢声笑语，我不知道学生怕我些什么！黄老师解释道："从前我来上课，班里都有些吵闹，现在到你们班来上课，学生都很认真。今天我在隔壁班上课，看你们班只有学生，他们居然都安安静静的，比我上课时还守纪律。我感到很奇怪，一下课就找了学生来问个究竟。他们居然说：'罗老师开会去了，没空管我们。'你不在班里，他们都能管好自己，这不是'怕'你是什么？"哦，原来是这样理解"怕老师"的。可我的学生们都认为我很有趣，觉得我很好啊！不过学生说的是大实话，今天我确实是因为参加会议导致没空"管"他们，就布置了命题作文《第一次遇见罗老师》和《充满欢笑的课堂》两篇作文，让他们在课堂上完成。特别是对《充满欢笑的课堂》，我多次强调：大家可以写写自己以前课堂的事，不一定要写现在的

（这个班是我最近开始担任班主任的班）。但全班66名学生，居然全都写的是最近发生的事，用学生的话来说，就是"现成的事都写不完，哪有工夫再回忆过去那么久了的事呢"。

  每个学生都是独一无二的，都具备足够成长的资源和潜力。对这样一个新的班集体，我们只是单纯地，把美好幸福成长的种子撒播在学生身上，把理想的幸福带班愿景实现在这一个班集体上。在加强学生自我管理过程中，有喜有忧，有笑有泪，有花有果，有香有色，既教书育人，又自我提升，既做学生求学路上的引路人获桃李满天下，又智慧育人充分展现大教育情怀。我想，这就是班主任幸福带班的乐趣。因此，学生对老师的"怕"，实际上就是因生活在美好班级里而表达出来的一种幸福和甜蜜。

新学期换老师

8月31日,新学期学生注册报到,见我在教室里等候而没有别的老师,大多数学生马上就猜出他们毕业班的班主任不再是五年级时候的班主任了。他们大概留意了教室门前的醒目标语——我特地张贴的"六(2)班欢迎您",下面一行注明新学期班主任和语文、数学、英语各科任教师的姓名。有几个学生悄悄嘀咕:"唉,只有数学老师没有换。"有几个活泼一些的女生,大着胆子追问:"老师,是您教我们班吗?"我笑着给了肯定的回答,心想好在自己早做了充分准备。像往常一样,我们在教室里摆好课桌,学生来一个就登记一个,一一交来假期作业、健康卡、《致家长一封信》的回执等。完成了这些常规任务,老师再叮嘱:"9月1日早上8:00准时到教室"之后,便算是完成了注册工作。

但是今天,我来了点小创意。我对刚刚问我话的女生说:"请帮我一个大忙,好不好?""好呀,老师,什么忙?"和她一起的女生也凑上前来。我拿出一摞信,交给她们,交代她们给每一个前来注册的同学赠送这份小礼物。她们惊呼:"老师,您怎么知道我们的名字!"是的,这就是我给新班级学生的第一份礼物。信里我这样写道:

亲爱的小伙伴:

　　祝贺你又升一级,来到六(2)班。我是六(2)班班主任罗老师——罗苑梅。在见到你之前,我已被你的姓名深深吸引,一直在想象:你是个男生呢?还是一个女生？如果是个女生，那一定如我心中的女儿一样柔美有主见。你是留着长头发，还是短发呢？长头发的话，是扎起一把马尾巴呢，还是编两条辫子？刘海长不长……如果你是个男生，一定帅气且风趣，绝对是暖男了。于是我又想，你是剪个锅盖头呢，还是剪个小平头呢？个子会不会比我高？如果没我高的话，你是不是一直很爱运动，要努力超越我……我想啊想啊，心中充满了美好的期待，简直有点迫不及待想要见到课堂上的你啦！

有一件事情，我很真诚地想要请教你，需要与你商量商量，那就是我们的班级口号。你认为哪样的口号比较适合我们班的发展和有助于促进我们班的发展前景呢？请你与爸爸妈妈一起讨论讨论，回复我好吗？我绞尽脑汁想到一个：昂首阔步，幸福优秀。为什么我想到的是这个呢？我很愿意与你交流，9月1日那天，我们在课堂上一起互动交流好吗？

亲爱的小伙伴，你希望新班级将是怎么样的呢？你会与新班级一起付出哪些努力使它更美好呢？如果你愿意，请你回信在背面，好吗？

现在，你有没有对我也充满了期待？你是不是正在想象着我是一个怎么样的老师？那么写出你的预想吧！我非常期待在9月1日上午与你见面时收到你的回信（就用原来的信纸信封），真心期待！

新教室，新生活，新的学习历程，让我们一起期待，一起充满正能量！

祝你

身体健康！

班主任：罗苑梅
2020年8月31日

信末，我特意留下了自己的联系电话。六年级学生自有他们心中好老师的标准，对新学期更换老师，他们也会有自己衡量的尺度。想起注册前一天原班主任雷老师邀我加入这个班级微信群时，我是怀着多么忐忑不安的心情啊！我真诚地发表了我的开场之言："各位同学、各位家长好！我是罗苑梅，将担任六（2）班班主任和语文学科老师。雷老师是了不起的班主任和语文老师，今天，我接任她这两个角色，将坚持雷老师的教育与教学理念，敬业爱岗爱学生，与各位老师和各位家长一起，共同探索和践行适合六（2）班同学成长的教育之路，与全班同学一起共创六（2）班未来一年里有意义、有幸福感的班级生活。今天上午，来参加志愿劳动的家长代表施朗的爸爸和陈小曦的阿姨，以及同学代表施朗、陈小曦、龚小盼、任浩、邹乐、李海、杨小粤、钟雨八位小伙伴的辛苦劳动、主动付出（8月30日上午教室进行全面清洁和消毒，以上这些家长和同学主动前来劳动），已让我深深感受到班级的幸福以及雷老师班主任教育理念的成效，谢谢你们！同学们，六年级阶段的班级生活即将开始，让我们一起期待，也一起努力。"

9月2日，见面信发出的第三天，我收到了一些同学的回信。冯琳写道："罗老师，在没见到您时，我就幻想您的样子了！见到您后，我就喜欢上您严肃时说一不二、上课时幽默风趣的性格了。"我再次分别给他们写了回信。我对全班同学说："你们会喜欢我，也一定会越来越喜欢我做你们班主任和语文老师的。"

第一个集体生日会

今天，是我们师生认识的第四周。对，这也是一个新的班级。下午，我们举行了"九月生日会"庆祝活动。这是这班学生成为小学生六年以来，第一次在校园里，在班级中庆祝，由老师为他们组织和主持的集体生日会，也是我个人从教以来为学生举办的第一个集体生日会。

从资金筹措、材料预订、提取、场所布置，林安等班干部已经组织同学做好了统筹和分工，把前期准备工作完成得无比出色。我只需要给孩子们提供场地和时间。现在，生日会现场就在我们的眼前。每一个同学都无比兴奋和开心，同学们脸上都洋溢着那无以言表的欢欣。不管是这十位在九月份生日、成为当月小寿星的学生，还是别的月份生日的学生，都为我们这样的主题活动而欢呼。确实，这是每一个学生在班级活动中体验的另类第一次，是与老师共同体验的第一次活动。

我们请当月出生的小寿星们到讲台前来，准备接受礼物和祝福。"把课堂给学生"，这是我们课堂上学生当主人的一贯做法。当我问："谁愿意给我们的小寿星发纪念卡呀？"官智最是活跃，马上毛遂自荐，说："我最愿意！"于是自说"最愿意为同学服务"的官智，上来为十位小寿星一一颁发了生日祝贺卡。这是我们自己制作的祝贺卡，材质是一张粉色A4纸，这张A4纸做成的卡上印制了我们全班同学一致拟定的生日祝福语："祝贺你！在精彩的人生年轮上又添一岁！我们的生活因为有你而更有意义。让我们一起享受学习、成就理想！生日快乐！""祝你生日快乐，祝你生日快乐……"歌声随即响起，在这祝福声中，十位小寿星默默许了心愿。许愿过后，大合唱"祝你生日快乐"已经完全让每一个学生深深沉浸在美好的、节日般的气氛里。在一片喝彩声中，小寿星们共同切开这个凝聚了深刻友谊的生日蛋糕。分发蛋糕的"美差"自然由小寿星们掌握，这可是非同一般的任务啊！班里66位同学和老师每人分得一小块蛋糕，再次唱起了快乐的生日祝福歌。

当蛋糕全被分享完，林安又领着大家唱起属于我们的班歌——《怒放的生命》，教室外、窗户外的角角落落，都已经被我们的欢乐氛围所感染。歌曲唱罢，活动接近尾声，这一环节也是我们这次活动的重要一环——颁发"感谢卡"。我们首先用热烈的掌声肯定和表扬了为整场活动做出贡献的同学们；其次，我们请在活动筹划与准备过程中做出了主要贡献的同学也走到讲台前来，又请小寿星们为他们颁发"感谢卡"。感谢卡片上的感谢语类似"祝贺卡"："感谢你，在精彩的人生年轮上又帮助我们一次！我们的生活因为有你而更有意义。让我们一起享受学习、成就理想！感谢你！"颁发"感谢卡"后，我们一起朗诵了卡上的内容，掌声又一次响起。整个过程简单而有序地进行着，幸福班的幸福学生正在感受和收获着集体荣誉感带来的美好。

这次集体生日会，在城市校园里或许是一件很平常的事，但对我而言，对我们班学生而言，却是平生第一次。班主任不过是给了学生一个"举行集体生日会"的小创意，在得到全班同学一致同意之后，整个活动均由学生自主统筹准备，全程做到"当家做主"，这让我欣慰，也让我感动。知足则乐，当我们与学生真正融为一体，那么教书育人的职业幸福感便油然而生。

换个座位需要理由吗

　　双休日后的第一天，一大早来到办公室，刚坐下，"黑王子"王浩就跑来小声又坚定地说："老师，我要换座位！"换座位？开学初刚刚调整好还不到两星期，今天他提出换位置，我第一反应是充满疑惑：怎么了？王浩支吾了半天却说不出理由来。这是他随意来"探一探"老师呢？还是"另有苦衷"不好说出具体的人事？我感到莫名其妙，让他先回了教室。但是我想，没有说出理由并非没有理由，看来，班上又有我不知道的事情发生了。

　　随即，我来到教室讲台，示意大家停下课前朗读，看似随意又很给学生希望地问："同学们，有需要换座位的吗？哪个同学想要换座位，请站起来。"教室里安安静静，没有谁站起来回应。我提高声音又重复了一遍刚刚说的话。过了好一会儿，"黑王子"王浩低着头站了起来。我先肯定了他"听从内心的声音""能为自己做主"，再问："你想和谁一起坐呢？"但他一直不吭声。没有说出理由并非没有理由，以此推之，他说不出想要跟哪个同学同桌，也并非没有他想要的同桌，而他想要一起坐的同桌，一定在他平时要好的那个小圈子里，甚至有可能，他们早就说好了谁跟谁一起坐。现在我只需要在遵循整体民主平等的原则下，帮助他们实现小心愿。这自然是以班级发展作助力为出发点的。

　　见他不吭声，我转向全班同学："谁愿意和'黑王子'一起坐？也请站起来吧！"开始时大家都看着我，谁也不动，教室里很安静。我看了看王浩和平时跟他要好的那几个孩子，大家都在用眼神交流着，好像互相在说："你站起来啊，你站起来啊！"却谁也不好意思第一个站起来。我"侃"着提醒道："别不好意思啊，难道没有一个同学愿意和王浩坐吗？"话音刚落，终于齐刷刷站起来六个小伙子，全都是王浩要好的铁哥们——班级小团体立即浮出水面。但此时我不过于理会这些，我始终相信，只要引导到位，再怎么样的班级小团体都一定能走正道，跟班级大团队一起健康发展。我再次转向王浩："你愿意跟谁坐就过去牵起他的手吧！"他犹豫着不动，似乎在做选择。我继续鼓励着说道："不主动就没机会了哦！"终于，他快速地越过身边的同学，走到罗锦的身边停下，双手不知如何放才好。我又鼓励他："要牵着手哦，否则不作数。"他腼腆地笑笑，不好意思地拉起罗锦的右手。随即，两人相视而笑。"好！牵手成功！"至此，他们俩成了同桌。调个座位需要理由吗？突然间，我就觉得"理由"二字是多么微不足道、多么软弱无力啊！

这场面看得其他学生面面相觑，有些小错愕：已经基本固定的座位，还能这么换？全听学生自己的意愿？难道真不需要任何换位置的理由了吗？这班主任罗老师果然又一次不按常理出牌啊！我的话音再一次响起："哪些同学还想要换座位的，想要跟哪个同学一起坐的，就赶紧坐到对方那去，必须是彼此自愿哦。时间一分钟！"大家望着我严肃的神态，个个不敢轻举妄动，就这么在沉默中熬过了一分钟。但当我给学生第二个一分钟、第三个一分钟机会的时候，他们终于"哗啦啦"开始了大行动。李锦提着书包快速走到林安身边坐下。夏媛想跟官智换，开始一刻，官智不好意思不换，但又坐着不动：毕竟对方是个女孩子嘛！看出他一点都没有想要"挪窝"的意思，旁边人给他出主意："人家跟你换，你不是一定要换的啊！你可以不换，自己想想哪个位置更适合你，自己决定！"也有旁边人对夏媛说："你要用最美的语言打动人家呀！靠自己喽！"只是任凭她怎么软磨硬泡，官智就是不跟她换。直到第五个一分钟机会用尽，夏媛只好坐到了在最后时间里剩下的最后一个位置。"还有有意见的吗？还有申辩的吗？有意见请赶紧提出来。"两分钟过去了，没人提。五分钟过去了，仍没人提。基本都坐到了各自喜欢的座位上，不再有争议和辩驳，该给的民主与自由已充分兑现。

是的，换个座位需要理由吗？尽管这事由王浩一个人的"申诉"而起，但从整个调换座位的过程来看，也不能排除他的"申诉"其实也是学生的共同意愿。换个座位，不需要理由。

第一次"争端"

还没到晨读课的铃声响起的时间，我走在教学楼楼梯口处，就听见教室里传过来一阵阵读书声，嗯，这让我欣慰。今天是班长肖珊在讲台上认真地领读课文《詹天佑》，其余的同学都端正坐在自己的座位上好好读着课文。心想，这一天，终于能不为班级杂事所扰，完完整整、畅畅快快地讲了一次纯粹的语文课。直至第一节下课，我没在教室多逗留，比往常快了些回到办公室。

就在想要稍微放松的当儿，有同学到办公室来"报告"卓建与孔小成同学不知道为啥事起了"争端"，王浩和聂小超前去劝架，好像没劝成。我心一凉，得怎么样不动声色把"突发事件"妥善处理呢？看来又得借助于语文课堂来进行。我马上又回到教室里（第二节课是我的语文课）。课前，全班同学如往常一样整齐地读着课文，等待着老师的到来。顺着正在朗读的课文，我们继续前一节课没有完成的教学内容，这一节课讲的是现代诗《中华少年》。很快，我就从《中华少年》绕到"卓孔争端"来了。鉴于前一天"九月生日会"活动的主题——宝贝，生日快乐。我说："当我和大家第一天见面的时候，我已经说了，我们现在都是六（2）班的人了，谁要是说六（2）班的不是，我第一个不答应。卓建是六（2）班的同学，是我们班的宝贝，孔小成要去伤害他，我们能不心疼吗？孔小成也是我们班的宝贝，卓建要伤害他，难道我们又会无动于衷吗？推而广之，班上其他任何一个同学都是我们的宝贝，我们会愿意看到他受到伤害吗？……"我用我们班师生相见以来，班上发生过的美好事例引导孩子们进行回忆和共情，又从"相亲相爱一家人"角度分析、晓之以理。随后，我问向卓建："你和他有什么'深仇大恨'吗？""没有。"卓建回答得很确定，很果断。进一步问道："那你和他有什么小矛盾吗？"依旧是确定的回答"没有"。"那你愿意跟他说些什么呢？"没想到，卓建同学立刻主动地离开自己的座位，从第二组走到第四大组最后一列孔小成同学跟前，很真诚地说："孔小成，对不起！"随后，我用相同的话问向孔小成，得到的回复也是相同的肯定。当卓建同学主动向孔小成道歉时，没想到孔小成竟也真诚地说了句"没关系！"他们两人握手言和，还大力拥抱对方，以示冰释前嫌，一切"战争关系"结束。一阵阵热烈的掌声见证了"战争"的结束。

事情得到圆满解决，总算是得到安慰，班上的孩子们在与新班主任认识半个月后，已经适应了他们的老师，适应了这个班主任老师对班里发生的事情"独一无二"的处理办法。因为他们都知道，一开始我就那么严格地要求着大家，就是希望大家时时处处都尽量能做到"优秀是一种习惯，读书是为了不输"——真正地享受学习、成就理想！想要好好地享受学习，就得共同营造一个和睦友爱和谐友善的班级成长环境呀！是的，要做这老师的学生，是需要一定的自制力和约束力的；要做这老师的优秀学生，也是需要一定的时间来慢慢适应的。只要你是六（2）班的同学，升旗时，你得保持安静，即使相邻左右两边的班级有同学说小话；语文课课前五分钟，你得听从科代表的指令用心朗读；其他课上课前，你得备好学习用品，双手放好安静地坐好等待老师的到来；课间，你还不得长时间逗留在教室走廊过道里嬉戏打闹……这些常规小事，是校园里最基本不过的事了，开始执行时，很多同学是很不屑的。一旦有所适应，就自然地听从和付诸行动，有了规矩，做这老师的幸福学生就不再是泡沫下的梦想，在这个班级里的幸福感自然得到提升了。所以，教室外就会有羡慕的目光了——就如教室外走廊过道中两个别班同学悄悄对话的那样："他们班好好哦！""你想要到他们班吗？""想！但是去不了啊！"

这事过后，卓建和孔小成竟然成了形影不离的好朋友，跟王浩、聂小超他们一起，成了班级凝聚力的主要组织力量。

意料之外

  寒假之后，新学期上课已经一周又两天了。这一个多星期里，班里学生的学习状态和情绪都很不错，各方面的表现也很好，班级情况整体看来暂时不需操心，按部就班即可。尽管是经过了足足三十天的寒假回来上学，但学生在这一星期里极快地进入到日常学习状态中来。对我来说，带这班学生已经三个学期了，今天是面对着这班学生开学第一课，我开门见山，直奔安全、学习、习惯等常规主题，要求学生尽快进入常规学习中。他们能做好班主任要求的每一件事，也算是他们跟随一个老师有一定的时间并懂得遵守班级规矩的结果。只是仍有些事，让我感慨万千，在希望之中又在意料之外，那是令我欣喜的意外。

  翁志，这个从来没能完整流利背诵过一篇课文的学生，这个曾经那么不爱学习的小孩儿，在我检查背诵第三课《白杨》课文中要求背诵的段落时，在他的"师父"何小蕾的鼓励下，居然主动要求老师检查他的背诵情况。我允许了，示意班上学生安静下来。翁志很大方地站起来，朗朗道："爸爸的微笑消失了，脸色变得严肃起来。他想了一会儿，对儿子和小女儿说：'白杨树从来就这么直。哪儿需要它，它就在哪儿很快地生根发芽，长出粗壮的枝干。不管遇到风沙还是雨雪，不管遇到干旱还是洪水，它总是那么直，那么坚强，不软弱，也不动摇。'"翁志一口气，很流利、很准确、很响亮地在全班同学面前完整地把文段背诵了下来！成为师生一年半了，我们差不多从来没见他好好读过课文、认认真真完成过作业，这次居然背诵得这么好！看来是班里实行学生与学生之间的"师徒对子之法"见效了！我走到他跟前，情不自禁地搂了搂他的肩膀，赞扬并鼓励他和他的"师傅"何小蕾再接再厉，同时号召别的"师徒们"向他们两个学习。何小蕾在一旁冲着翁志得意地笑，翁志劲头更足了，他说："老师，您放心，我一定努力背好每一课！"

星期五下午放学时，李梦过来找我，给我一张纸，一张红红的、折得皱巴巴的纸，我问她这是怎么回事，她说是她爷爷叫她交给我看的。短短几行字，原来是说李梦座位在最后一排，外加说她成绩不理想，请老师们多些照顾。我赶紧在同一张纸上的背面给他回复：首先，座位安排是征得了班上同学意愿并按学生身高编排的，李梦也是同意的；第二，关于李梦的成绩不理想，原因在于她学习基础极其不扎实，平时学习又不够勤奋，阅读量太少所致（李梦现在读五年级，已经转学三所学校了）；第三，班里已经采取"我管我"、师徒结对、课后辅导等方法在帮助李梦了，也希望他们在家多关注、多关心这个小女孩，家庭教育还得要求严格些！然后，我让李梦务必把信带回去交给家长。我转而对她语重心长地说："李梦，座位的远近不是导致成绩不理想的借口，也不是不认真上课听讲的理由。成绩不理想，就更要加油，得勤奋些！你真正做到上课认真听讲，再加上又有同学做小老师帮助你，一定会赶上来的。"李梦听了，若有所思，她说："老师，我会跟着我'师父'多努力的。"我真心地希望她更用心一些！

翁志的转变、李梦家长的便签，这些都在我的意料之外，幸好，它们发生了。明天又将开始新的工作，那时又将会遇到些什么样的事呢？我们期待着……

麻花念

从湖南参加骨干教师培训学习回来，我给班里学生带的伴手礼是几包湖南特产手工麻花。带伴手礼给班里学生并由此开展一场主题班会活动，是我每次出差再回到课堂的必备节目。对我而言，这已经是多年以来习惯成自然的常规工作，这一次当然也不例外。

这是我这个学期新接班的学生第一次"遭遇"班主任出差，对于新老师、新班主任，他们并不知道出差返岗的老师会为每一位学生准备礼物，也不知道会有机会收获意外惊喜。因此，当见到我手提几大包看似零食的东西进入教室，他们马上迎上来帮忙把东西放到讲台上。在同学们的惊讶中，主题活动开始了。这一次我直接将麻花发到每个学生手里，同时允许学生即时品尝（一般情况下，我是不允许学生们带零食进入校园的，但主题活动时便是例外。当然，这被允许的一切的发生也一定是在课堂40分钟内可控的）。我跟学生分享了在湖南参加学习一周里的见闻和感受，把自己在学习过程中参观过的学校，以及在这些学校见到的学生的学习状态，一一分享。同时我也表达了当我不在学校，没有与同学们在一起的感受。"今天，我们这个班会的主题叫什么好呢？"看着同学们细嚼慢咽的享受神情，我问道。金点子一到，学生就七嘴八舌开了："老师的礼物！""老师给我们带礼物！""就叫'麻花'呀！"麻花？麻花念，念麻花，那就叫"麻花念"！于是我在屏幕上投影"麻花念"。至此，这场主题活动进入第二个环节：角色互换。即学生分享他们的学习情况、班里的情况以及班主任不在时的心理感受。

班里的学生在自我约束力方面与我想要实现的学生自我管理能力仍然有一定的距离，他们也缺乏某种自信心，大概是因为升上新年级之前受的挫折太多。出差前，我一度感到焦虑：班主任不在学校，这些学生会不会趁机上演"老虎不在家猴子称大王"的闹剧？我教给大家的自我管理办法能不能顺利继续实行起来？学生有没有信心和足够多的自觉与自律让我放心？思前想后，我给班上同学们自主选定的班级管理人员分别颁发了聘书：聘请黄朔同学为"掌印大法官"，聘请汪海同学为"班级大法官"，聘请邓丽同学为"检察大法官"，聘请庞海同学为"顾全大局管理大师"。根据第二环节的分享，我们为这些管理人员以及有突出表现和进步的同学颁发了奖品，鼓励同学们再接再厉。是的，不管老师在不在学校，有没有在学生眼前盯着、守着，每一位学生都应该学会如何管理自己，学会如何进行自主学习并取得进步。每一位学生都应该深深懂得：学习是自己的事。每一个人都自带无穷潜力降生到人间，在某种引领下，都应该具备自我管理的自信和自觉。

愿我做教育的温情和自信可以润物无声地传递给班上每一个学生，教会他们懂得，自己应该在心里种下实现自我管理的幸福种子，勇敢地迎接可知或无法预知的未来世界。

"告别"微班会

"同舟风雨几春行，心有灵犀联谊牵。"4月25日下午，我们开展了一场极其特别的主题微班会课，只有短暂的十五分钟。这是为一个即将转学的学生特别策划和组织的告别仪式课。因为父母工作调动的原因，覃志同学不得不跟随他的父母回到老家湖南省桑植县去上学了。

微班会课从下午2:10开始。班里擅长人物绘画的黄朔像往常一样，主动在黑板上描画了我的半身肖像，作为微班会课的主题背景。我们又仿照《草原》一文中结尾句"蒙汉情深何忍别，天涯碧草话斜阳"，写出"同学情深何忍别，校园铃花话友谊"的主题词来。

覃志同学已经有些哽咽，好在我们仍然比较含蓄，不愿意将离别场景制造得过于悲伤，于是在师生、生生之间的心照不宣中，我们开始了简单而隆重的仪式。这个仪式有两个环节，一是赠送离别礼物，二是临别赠言。今天的主题活动，我们从班级角度来进行这场仪式，首先请班长作为代表给覃志同学赠送"幸福幸运石"。这个礼物有些粗糙，也略显笨重，是一块真正的石头（后来从与覃志同学家长的交流中得知，覃志一直把这个礼物收藏着。可见，适合的便是最好的，也是最有意义和最有价值的）。这是前些天，我要求每一位同学到学校附近的小河边捡一块自认为好看的圆润平滑的小石头，用作语文课实践活动的道具。大家可以在小石头上作诗作画，再签上自己名字和日期，将乍看起来并不起眼的小石头做成一个艺术品，变为自己学习之路上的幸运物。有一个学生找到了一块巴掌大的平润石，在这一块特别的小石上，我们全班同学签上姓名、写上完整的祝福语之余，还能作一幅小小的祝福的画。我们邀请所有的任课老师也写上寄语并签名。这便有了"幸福幸运石"赠送的缘由。其次，我们请语文科代表汪海同学代表全班同学给覃志同学赠送"拳拳千万言"。这是一整沓聚集了深深同学情谊的《致小覃同学的一封信》，也是结合语文课程关于书信教学这一内容进行的实践活动。我要求每一位学生都以覃志同学为书信倾诉对象，从与他相处的点点滴滴写起。"当那天你说要转学时，我们全班同学都惊呆了！估计你也很舍不得我们班同学吧！不过你也别难过，'莫愁前路无知己，天下谁人不识君'。只是没想到这一突如其来的离别，过早地把我们对七月才毕业的憧憬和想法一下子送到了远处……"邓丽同学情不自禁要念出自己的信来了。于是班会进入第二个环节的高潮：口头表达临别赠言。"请君试问东流水，别意与之谁短长！"有些女生说着说着就两眼红红的，有些男生说着说着就跟覃志同学拥抱在一起……大家都依依不舍，同学情深何忍别，校园铃花话友谊。在美好的祝福声中，仪式结束。

  这一节小小的微班会课，流程、要素也许不够完整，内容广度、高度以及深度也不一定算得上完美，全班同学却在这小小的热烈而温馨的仪式中，共同深刻感受到了母校这个大家庭的温暖、老师的殷切期望，以及同学之间友谊的美好、纯洁与质朴。心存美好，无论在哪里，即使离开了学习和生活多年的校园，也一定能心有梦想、眼中有光，也必定一路向阳、一路芬芳。

我们的节日

2021年的六一儿童节,是这一届学生在小学阶段的最后一个儿童节。这天,男生梁诚说:"生活要有仪式感。"

当天下午2:10,学生一到学校就忙碌开了,教室里热闹而有序:邹文、李海等同学正在将课桌椅摆放成围栏状,陈小曦这组女生正在给气球打气,另一些同学则有序地把吹好的气球串起来,挂到教室门的横梁上,也有些学生直接将吹好的气球粘贴在教室墙壁上或黑板上。吹气球的学生技术越来越熟练,没一会儿,讲台周围和过道上就放满了已经吹好的气球。还有一些彩色丝带、小贴纸,也已经被学生恰到好处地装饰到了教室里的角角落落。就连我那早早为这个节日准备好的PPT课件的封面,也已经被投影出来。教室里充满了欢声笑语,充满了节日里的喜悦——这是小学毕业前的儿童节,属于他们自己独特的节日。"我们的班我们做主,我们的节日我们做主。"经过指导,这个节日的一切都由学生自行策划和布置。我对学生说:"自己动手,丰衣足食!"

我们班这个月刚好被学校评为"文明班级",刚刚领回"文明班级"的锦旗。于是我们的六一庆祝活动,就从这面锦旗拉开了序幕。我们总结了连续两个月都能获得"文明班级"称号的经验,同学们说了自己的感受,我也趁机肯定了为班级付出努力的同学,表扬了为班级荣誉不丢分而进步的同学。是的,"一荣俱荣",只有大家拧成一股绳,才能使班级风貌和风气更高、更强。接着,我们为同在这一个月出生的同学举行了祝贺仪式,给当月"小寿星"们颁发了祝贺卡。卡片上的留言是我们独具一格的深情表白和美好祝愿："生日快乐！""祝贺你！在美好的时光又增添一岁，请深深感激给予你生命的人，常常感激伴你成长的人。""我们的生活，因为有你而更加有意义；我们的班级，因为有你而更加温暖！"我们唱起了生日祝福歌，为这些"小寿星"们合影。欢乐祥和、热闹兴奋，在我们每一个同学脸上呈现，也在我们每一个人心里真正地开了花。

欢度节日，怎么能没有庆祝的小节目？当杨起的故事一讲完，邹文的笑话分享就马上接上了，还没等同学们的笑声和掌声停下来呢，只见胡小扬看似漫不经心却又小心翼翼和无比骄傲地取出了他的吉他，坐到讲台前的凳子上，开始了他的演奏……没有麦克风，我们却都沉浸在这圆润饱满又极具空气感和穿透力的乐曲声中。"拨着吉他的弦，奏出弯曲的平行线，华光从缝隙倾泻……"我们又一次被胡小扬的演奏惊艳到了。这个平时总是默不作声的高个子男生，居然有这么一个了不起的特长！

最激动人心的时刻要到啦！家委会代表陈小曦妈妈送来了蛋糕、水果和饮料，为我们全班49个学生——同学们开始自行组织起来，分饮料、分水果、分叉子、分蛋糕……令我特别感动和欣慰的是，同学们懂得把老师们放在分享的首位，把第一份蛋糕、第一份水果、第一瓶饮料先分给各科任老师。我们表达了对家长们的感谢，也为他们颁发了感谢卡："因为有您，心存感激——您是我们永远的大树，谢谢您！"

在同学们一起享用美食的时候，只见梁诚用一张四方形纸巾系在自己胸前的衣领口子上，就像在西餐厅用餐一样。他笑嘻嘻地说："生活要有仪式感！"是的，生活之所以如此美好，并如此有意义、有价值，不正是它被赋予了各种特定含义的仪式感的意义所在吗？确实，生活需要仪式感，而所有的仪式感，都是由我们师生在校园生活中的点点滴滴汇聚而成的。

老师请吃早餐

关于"只要集队（早操、课间操）时离开座位就把凳子放在桌子抽屉底下"这个班级规定，九月初开学我们就交代给班里每一个学生，达成了共识。最初几天甚至几个星期，我也不时提醒学生坚持做好这件小事，大多数学生是能做到的。可我想，总需要老师口头提醒才能做到的事情，在学生的意识中是成不了重要的事情的，也必定成不了学生潜意识中主动自觉做好的事情。这不是我们培养学生自觉自律习惯和责任感的初衷。于是我不再提醒，只是不动声色地观察哪些学生能每天都做到"人离座，凳归位"，并能一直坚持下来——我也期待自己在观察中能收获些什么。随着时间的推移，学生离开座位后凳子在原地的越来越多，能自觉推一推凳子并把它放在桌子底下的情况越来越少。三个月后的十二月，我终于忍不住跟学生回顾这件事的执行情况。

这天早读课下课，早操铃声一响，学生迅速离开座位，排着队到运动场去了，教室里只留下两个值日生。我在教室里一列一列检查过去，发现只有尹阳同学的凳子放在桌子底下。这个发现让我惊喜也让我惊慌！喜的是，成绩不错的尹阳同学，平时文文静静，是不太能引起老师们过多注意的角色。没想到这样一个在同学堆里几乎没有存在感的学生，牢牢记住了老师的话："离开座位就把凳子放在桌子抽屉底下哦。"并且持之以恒地做到了。我想，今天的她一定不是出于偶然，不是随意把凳子一推才"一不小心中了奖"。让我慌的是，都是六年级的学生了，坚持做好身边的小事，这是基本的责任体现呀！难道没有老师的每天提醒，就真不懂得自觉自律吗？往常每接一个毕业班，只要是老师布置的事，即使没有百分之百达到要求，整体效果也终究令人满意，特别是有些需要长期坚持又看似"艰难"的小事，例如把凳子归位、把书包拉链拉好不让书包"张开大嘴"……即使偶尔有一天忘了，没做到的永远只是一个或两个的极少数。而如今，这班学生却完全颠倒了！是我的带班策略哪里出了问题吗？是学生的问题行为还是老师的教导方式出差错了？我又应该做出些什么样的思考？

当学生做完早操回到教室，我平静又郑重其事地宣布："尹阳，明天老师请你吃早餐啊！"我没理会尹阳同学的惊讶，也没回应其他学生惊讶的呼声。第二天清晨，我特地早早到了教室。当尹阳在同学们羡慕的目光中享受完这一特殊待遇，我问她："你知道老师为什么请你吃早餐而其他同学都没有吗？"她说："知道。""同学们，一份早餐如果只从价钱来说确实算不了什么。老师今天请尹阳同学享受的这份早餐，一是感谢她的坚持。从九月一日到今天，足足三个月，近一百天里坚持每天把凳子放到桌子底下，只有她做到了。"我顿了顿，接着说："二是感动她的执行。她把老师的话、班里的规则真正放在了心里，并且坚持不懈地落实在行动上，听教的学生一定会成为优秀的学生，而优秀是一种习惯。第三，我感激她负责的态度。老师请大家把凳子放在桌子底下，不仅仅是为了让课桌椅看起来整齐美观，更重要的是通过坚持做好这件小事，来提升大家的自律意识和能力，培养大家对自己、对班级的责任感。"教室里鸦雀无声。我想，此时此刻的他们，大概也会心有所动。最后，我说："尹阳同学，老师真诚地谢谢你，是你教会了我什么叫坚持、执行和责任，我也要向你学习。"同学们都面向尹阳投去赞赏的目光，教室里突然爆发出一阵热烈的掌声。就凭这掌声，其他已无须再啰唆什么。随即，我又加强了学生同伴之间的监督激励作用。从此以后，人离座凳归位的情况果然越来越好。

把简单的事日复一日坚持做好，就不简单；把平凡的事日复一日坚持做，就不平凡。"这个世界上有许多你可能不喜欢但你不得不去做的事，这就是责任。"我想，一定的物质奖励也许只是很肤浅的激励手段之一，让学生逐渐把共同定下的规矩转变成自己的行为。同时，培养良好责任感的过程，才是教育的过程。而教育的过程，就是教会学生养成优秀品质，进而成为最好的自己的过程。

拍 照

　　近期阅读魏书生老师的新书。他说："我属于愿意当班主任的那一类教师。我总觉得，做老师而不当班主任，那真是失去了增长能力的机会，吃了大亏。"（魏书生《班主任工作漫谈》）书中尤其提到，他在任市教育局局长后仍坚持给学生上课且兼做不挂名的班主任。我想，这就是魏老师在"班主任"这一角色中找到了强烈的归属感和无上的价值感，这归属感和价值感是真正驱动其自身内心深处精神世界的动力。

　　同理，一个班级是否"好管"，在于班主任能否给学生带来归属感和安全感、价值感和幸福感。有一次，我给新班级的同学们拍照，举起相机时自然就喊"大家美不美帅不帅啊"之类的话，以期拍下的是同学们的笑脸。谁知我这话音刚落，就有一位另类的同学大声回应我："不美！不帅！"好在班主任工作多年，有了随机应变的应急力，本身也是自带幽默，说："来来来，茄子，耶！"同学们被班主任的风趣一感染，随即异口同声"耶"，化解了大家的尴尬，我也拍好了照片。当我转身离开教室，那位刚刚说"不美"的同学悄悄跟上来，调皮地对我说："老师，我刚才回话时的样子是不是特别酷？哈哈哈！"我被他逗笑了，果然是孩子。原本在新班级里，学生和老师之间还不熟悉，对新老师总有一定的抗拒感和不亲近感，对新老师提出的要求总有一丝丝不那么心甘情愿地立即接受，或故意表现出不接受。这是不是因为同学们还没在新老师带领下的班级里找到自己的存在感与价值感？好在这位同学及时发出不一样的声音，老师及时思考了这不一样声音背后可能产生的原因，将这个问题悄然解决。照片中的他，是笑得最灿烂的一个。

　　如何让班里每一个学生都能感受到他们在班级中存在的价值感与班级给他们带来的归属感，如何在师生相遇中给每一位学生带来幸福感，是我一直思考和探索的重要命题。我为能在班级工作中与学生一起获得归属感和价值感而坚持不懈地努力提升自己，坚持积极向上，始终充满正能量。

老师很生气

星期六,家长微信群"叮"一声响,有了新信息!下午2:03,一张欢乐的聚餐相片出现在我眼前,从相片上可知这是在学校附近的万达商业广场里的一家火锅店里。若是发图者为学生家长,这是再正常不过的图片分享行为。发这张图片的恰恰是班上的孩子,他美其名曰"五人组"却独独把自己作了"马赛克"。基于班主任自身角色的责任,我即刻很生气!尽管当下疫情得到一定程度的控制,却仍需保持警惕呀!同时出于安全等各种因素考虑,作为老师,我一直不希望班上的孩子在没有家长陪同的情况下私自组团随意外出。

我不动声色!"这五位小伙伴家长都在一起陪同着吗?""外出注意安全,尽量在5:00前回到家。"我在群里平静地写道,带着一些祈祷,我希望至少得有一个家长在现场陪同吧?即使无家长全程陪同,从下午两点到四点两个小时吃个饭,再加一个小时,下午五点钟前一定可以安全回到家了;况且,初冬季节,天黑得很快。没想到,怕什么来什么,果然如此!

"收到!""报告!无家长。"发图的孩子回复道。

"没有家长陪同,是他们几个商量好到万达玩的!"一个参与聚餐的孩子的家长回复道。

"这些孩子外出欢乐相聚都经过家长同意了吗?"我再问。

依然是同一个家长回复道:"他昨天跟我说了,几个同学相约一起玩,我答应了的！"

下午5：02，微信家长群再次"叮"一声响，又有了新信息！两张在运动场踢足球的相片出现在群里，从时间上看，此时此刻，这五个孩子不仅没有在5：00前各自回到家，还邀请了新伙伴加入球队。我即时更生气！

我继续不动声色！到了晚上8：17，我再次在群里平静地问道："这些孩子今天下午5：00前回到家了吧？安全第一。"

依然是同一个家长回复道："是晚了点，安全到家！"这相片上其他四个孩子的家长呢？这四个孩子的家长为何没有一人在群里发声，也没有谁给老师致电或发信息说明情况。我深感困惑。

新的一周开始，周一早上，我再次不动声色！平静地请大家把周末的作业打开来，这五位同学竟然没有一个同学是完整地完成了的（因上周四周五我外出学习两天，周三就布置好了周末作业）。面对此情此况，一般老师都会生气，但我又一次不动声色，给了孩子们补救作业的机会和时间，依然努力平静地说道："今天晚上回到家继续完成它，明天早上检查。"

周二，我一一检查了这些孩子的作业本后，内心终于真正平静下来。我和孩子们一起进行了面对面对话，告诉孩子们老师生气的原因："一是没有家长陪同；二是大多数同学的外出没经过家长同意；三是基本的学习任务受到影响；四是事前没告知老师（如果老师事先知道，一定会引导大家怎么样做好外出安全措施和注意事项，以保证外出欢聚是真正的"欢聚"）；五是在老师作出及时提醒后，大家答应了下午5：00前回到家，结果不仅没按时回家，还在这个时间之后到了学校运动场。"教室里静悄悄。"好在大家都安全回到家，这两天上课一个都不少，要是在外出过程中真出了点什么事可怎么办好？老师会担心啊！'心中有集体'这可不是一句空话呀！"老师的生气与担心，不正是老师心里有学生、老师爱学生的具体体现吗？再者，特殊时期，对疫情防控仍需保持警惕啊！带领孩子们，我们一起重温了"昂首阔步我们自律，幸福优秀我们努力"的班级发展方向主题语，一起重温了"心中有集体，进步靠自己"的具体行动准则。至此，此次事件的几个"故事主角"都面带愧色，表示再不发生这样的下一次了，班里又回归了往日的平静。

和成年人一样，每一个孩子都需要被关注、被成长，六年级的孩子尤其是男孩子，独立自主的愿望已经越来越强烈，同伴之间抱团取暖的意识也呈现得越来越明显。但愿我的爱徒们，和老师一起努力，用实际行动真正做到"昂首阔步"，意气风发走进属于我们的幸福新时代。

建议书

  六年级学生的作文本已经收上来,我想应该可以很快就批完了。因为这次作文内容是写一份建议书,要求相对简单一些,并且在课堂作文过程中,我发现学生写得比往常都要得心应手。

  然而,当我把习作一份份仔细批改下来,我脑袋却嗡嗡然一惊,心中好似打翻了五味瓶,简直说不清道不明是啥滋味儿,难受极了。孩子们的建议书,他们的建议,出乎了我的意料,这让我无比震惊。看看吧!"我建议老师给我们上课时开心一些,有的同学确实做得不好时也要控制一下""老师讲课讲得入木三分、引人入胜,的确讲得很好,但对我们说话别总是那么不友好""我希望老师能扬长避短,以和气的态度对待学生的错误"……虽然他们肯定了"老师讲课的确讲得很好",但更多的是希望老师"别动不动就发火"。难道我在上他们班的课的时候,真的让人如此畏惧吗?我不明白,从来都严厉要求学生的我,在他们看来是怎么啦?

  孩子们能如此写建议书,可是又有哪个学生能深切理解、体会他们老师对他们的爱之深所以责之切那种"恨铁不成钢"的苦衷呢?现在,面对孩子们一份份发自内心的建议,以习作的形式这么勇敢地呈现在我的眼前,我的心被重重地蛰了一下。我深深地思考着。是啊,为什么我就不能像对待三年级的孩子一样,心平气和一些对待我这班六年级的孩子呢(当时我教六年级和三年级两个班的课)?六年级学生是小学毕业生,可毕竟仍是小学生,也是孩子呀!我终于明白:为什么三年级的小朋友总是一天到晚围着我转,恨不得每一节都上语文课;而六年级的孩子见了我，却真的绕着路走，即使在学习上遇到不懂的问题也是战战兢兢地来问，甚至不懂装懂、问也不问，生怕又要被我批评。"亲其师，信其道。"他们怕我都还来不及呢（是真怕），怎么还敢亲近我呢？经过反复思量，我内心渐渐平静下来，对孩子们的建议便多了一份感激，他们的勇敢建议，使我也敢于正视自己作为师者的不足，并及时作了深刻的反省，心中顿时豁然开朗。

第二天，我暂且放下该上的课本内容，特地坐到孩子们中间，和他们心平气和、面对面、平等地长谈了一番。随后便作"冷处理"，像往常一样上起课来，只是在上课态度、语言对话中不再像从前那样大声，尽量温柔，同时对孩子们的反应作静静的观察；并且一直保持这种"教育者教育形象"的常态。没想到，曾经久攻不下的"顽症"居然在后来的每一个日子里一点一滴地逐渐被攻克，直到消失，代之而来的是一点一滴让人欣慰的好气象。而自己亦由于再没了以前的样子，似乎上课更愉快了，课堂氛围也更融洽了。当我们偶尔幽默起这些变化的时候，孩子们都会心一笑：他们成功地改变了老师，也实在地帮助了自己。

"不管怎么样，我们的内心也要像大海的深底一样宁静。"这话说得真是很对，尤其是当面对小学生时，我们更需要做一个有温情的老师、一个能传递暖意的班主任。感激我这群能直面老师不足并敢于给老师提出好建议的孩子们！

新年"礼物"

我，是不是应该"感谢"这些小调皮们在元旦前夕及时给我送来了年度"最具有重量的钻石级礼物"？这不是一个受欢迎的礼物，却是能让班主任老师反思的礼物，也是一个考验班主任工作智慧的礼物，我当然得照单全收。

12月31日星期三下午的课间，有学生过来告诉我：班上有两个男生又打了起来。说是"又"，是因为前不久我才刚刚处理过"第一次'战争'"。尽管前后事件主人公不同，这样的事让我感到了一丝疲惫，但还是马上到教室去看个究竟。我快速到了教室门口，一言不发地站到教室后门（教室后门紧邻办公室），学生都看见了老师正在他们跟前瞧着班级发生的事。那两位男生自然也见到了我，"架"立即无声停止，所有学生都默默地回到自己座位坐好。不一会，上课铃声响了。我走上讲台，仍旧一言不发，拿起粉笔在黑板上写下《"架"在我心中》这个题目。随后布置了课堂任务：及时进行现场作文，全体同学以笔代声就刚刚发生的事件发表言论和看法。要求：具有真情实感。很快，一节课将要过去，现场作文陆陆续续呈现出来。课后，我请这两位男生一起来阅读同学们的作文，让他们了解小伙伴对待他们俩的这件事有什么样的看法和建议，了解大家对班级和谐环境的期望，反思自己今天的行为妥不妥当。待他们看过同学们的作文，我也没有过多的批评和指责，从他们的神情上看，不用老师再啰唆，他们的心里已经有了一架天平，砝码自然有平衡。我没有在班里再提及此事，只是静静地观察和关注，没想到这样的处理方式比劝说、谈话等说教方式收到的效果要强多了！这次事件之后，这两位小男生握手言和，直到小学毕业，再没有发生过类似的事。

李希贵校长在微信公众号上撰文说："学校本是孩子们犯错误并改正错误的地方，但现实并非如此。"许多新班主任多是对犯错的学生进行一番说教，没过多久，学生再犯同样的错误，班主任再次进行说教……由此进入闭环式的非良性循环状态。由于总是如此反复，效果甚微，于是班主任常常没了耐心，有时简单训斥几句便罢。可是我依然想说，反复才是学生成长的意义所在。"反复抓，抓反复"，我们不怕学生犯了错，所以不会因为学生离开了老师的视线多走了一些弯路而大惊小怪，学生的行为已经足以证明他们值得我们信任——学生都在努力变好，值得信赖，例如孔小成、罗锦……所以，今天这一件事，我希望我的学生能"不治而愈"。

附：叶小昊的作文《"架"在我心中》。

"架"这个字是大家都知道的汉字，但各人对"架"也有不同的理解，如衣架、架势……而今天，在我们班也出现了一"架"，这一"架"留在了我心中。

"丁零零"的上课铃还没响起，突然，同学们就被眼前一"架"所吸引，目睹了这一"架"的始末。这一"架"可谓"来势汹汹"。我们班的小翔不知什么和小浩吵了起来，两个人都争得面红耳赤。可是，他们两个人一见班长来劝导，竟闹得更凶了。小翔见说不过对方，便凭着自己坚实的拳头跟小浩干了起来。小浩也不甘示弱，狠狠地推了小翔一把。小翔踉跄了几步，转朝小浩的桌子发动"进攻"。桌子被掀翻后，小浩更是火冒三丈，便给了小翔一拳。小翔当然不服输，不顾班长和其他同学的阻拦，也把小浩一推，小浩就跌在了地上（幸好两个人都没有受伤）。好在老师一知道这件事就马上赶到教室现场，他们俩也立刻"化干戈为玉帛"。"战争"总算结束了，我和同学们这才松了一口气。

这种"架"，我真心希望不要再到我们班。别再"大'架'光临"了！

与学生们共同生活在这个班级，共建和谐班级，是幸福的，但幸福的前提一定是守纪的、有规矩的。没有规矩，不成方圆，即使有些事不太愉快，而这些不愉快也一定是学生成长路上和幸福班级发展过程中的必然因素，是成长中不可缺少的一部分。

结业也有仪式感

有相遇，就有告别。每一个学年的开初，我们是"有缘千里来相会""不是一家人不进一家门"；每到暑假即将来临，一个学年结束，到了散学典礼的那一天，又不可避免地迎接告别日的到来。"杨柳青青著地垂，杨花漫漫搅天飞。柳条折尽花飞尽，借问行人归不归。"小学五年级这一学年的师生共同学习阶段，或者说同学们五年级的学习时光，将在这一天真正地结束，随后迎接和投入到六年级的学习历程中去。

怎么给这场际遇的结束一个仪式感呢？那就召开主题班会吧！我们可以举行一场结业典礼，一场简约而隆重的"盛典"。当我跟同学们说"我们得做些什么，得来点有意义的仪式感"时，黄朔同学马上表示："老师，我来画黑板报！"于是乎，像往常的每一次主题班会课那样，她很快就在黑板上画了一位老师的模样：一条垂在右耳前的大辫子，一副大眼镜，左手上一本书——我的模样。黑板的另一边，我写了"我们结业啦"的大主题，主题下方是暑假阅读推荐书目：《亲爱的汉修先生》《追风筝的人》《摆渡人》《谁动了我的奶酪》……

共同的经历从课件视频里缓缓呈现，我们共同回顾了师生之间自相识之日起的点点滴滴：坐在学校足球场草地上看书的周先、实践活动出发前女孩子们互相给对方扎辫子的情形、"六一"合唱比赛后的欢呼、跑道上晨跑的身影、读书日的深沉稳重、主题班会时的各种"摆拍"……我们唱起了《刚好遇见你》。我给每一位同学赠送了一个大大的牛皮纸信封作为结业礼物，信封里只有两样东西：一封信和一些相片。信的内容和寄语是大致相同的，而每个同学的相片则是各有各自的风采，这是每一个同学在不同场景、不同时段留下的独特身影，非常有意义和价值。

结业典礼尾声，《五年级语文暑期大礼包》纷纷下发。

一、完成《快乐暑假》

二、内涵提升

用五个数字说说你的假期（写在作文本）。格式：数字+说明。如：

今天收到一个信封，信封里的一沓相片和一封信。这是我第一次收到老师给我写的信。老师一再交代我们：必须回到家进入自己房间之后才能拆开信封看。一回到家，我第一时间就开启了这个信封。这真是一个意想不到的惊喜！

（二）课外阅读，至少完成一篇读后感（写在作文本上），500字左右。推荐书目：《亲爱的汉修先生》《追风筝的人》《摆渡人》《谁动了我的奶酪》。

三、语文德育实践作业

（一）感恩活动。如跟随父母上一天班，或当一天小老师，或做一些力所能及的家务。

（二）亲子活动。坚持21天给妈妈梳头，给爸爸剪至少3次手指甲和脚指甲。

这是再平常不过的一次小活动，甚至用"结业"二字来表述也不一定完全恰当。然而对于这班学生来说，在还没到六年级毕业举行真正的小学毕业典礼之前，先在五年级学年结束时来一场这样的"结业典礼"，何尝不是给他们五年级阶段的校园生活做了一个有意义的总结？既回顾了整个学年的共同学习经历，又深深感受和体验了同学情谊、班集体归属感和荣誉感、爱班爱师爱校情怀，以及对六年级学习阶段的向往，并能够利用暑假做好衔接准备。这是一件有意义的、值得一做的大事，我乐意做这样的事。

我们毕业啦

"记住一个人的方式是感受。""从前,现在,未来。""少年少年——热爱生活,眼眸如初。"2021年7月9日,我们迎来了一场盛典,这样的盛典是我担任班主任期间每一届学生小学毕业时的必备节目。它不仅仅是一个节目,这样的一天也过成了一个隆重的节日——只是每一届学生的具体日期因当年暑假起始时间的不同而不同罢了。

黑板上自然已经由学生准备好了屏幕投影,底色是海阔天高感极强的蔚蓝色,"我们毕业啦"的五彩主题大字既醒目又清新,既庄重又活泼。讲台上摆放了三束大大的娇艳鲜花。讲台位置不够用,又在旁边多摆了两张课桌,桌子用满是红心的台布铺好了。在台面铺好的桌子上,两个大蛋糕已经摆好,49个杯式小蛋糕也一一排开。这是一幕精心的、充满了温情、充满了欢欣喜庆的布置——六(2)班的同学们,我们毕业啦!

进入开场白之后,同学们按照"我想对谁说……"的语式,互相传递在小学阶段对同学、对班级、对老师、对母校的"真情大告白"或者"真心话不冒险"。施明同学作为代表分别给老师们赠送了鲜花,接着是科任老师寄语。在同学们的掌声中,班主任——我终于闪亮登场。我对学生的毕业表示了祝贺,对一年来我们共同经历过的学习和生活进行了总结。说到一些有趣的事,同学们的欢声笑语一波又一波。而说到一些共同面对困难时的往事,有些同学已经红了双眼,那是对小学校园和同学的依依不舍。我们为优秀学生颁发了奖状,同时给每一位同学颁发了集体照。

这个毕业典礼更加意义非凡的亮点所在，是因为我们邀请了我曾经教过的、此时正在就读大学一年级的学生或正在就读七年级的学生来参与其中。先是中学生朱景和蒋馨分别给学弟学妹们分享了她们在中学学校里的见闻和感受，接着大学生张祥绘声绘色地讲述了他所在大学的见闻趣事。这两届学生都表达了对小学母校的怀念、对我现在这班小学生的羡慕，也寄语同学们"小学毕业就是一个新起点，我们彼此应该珍惜同学情"。

每一部分都有一个亮点所在，最重点的是给每一位同学颁发了由班主任主编的毕业专属大礼包——一本《恰我少年时》的成长历程合集。这是我们共同相处一年来，这班学生的成长点滴，是值得珍藏的纪念册。纪念册里共包含"美好集体：我爱我班""主题活动：明理增智""快乐生日：感恩成长""课堂内外：同在一起""小小抄报：悦画成话""家校共育：同向助力""殷殷寄语：祝福未来"七大板块的内容。每个板块下都有一小段备注语，比如"美好集体：我爱我班"这一板块的备注语就是："心中有集体，感恩相遇相识，感恩母校和老师，感恩同学的友谊，我们一如既往昂首阔步，努力幸福和优秀。""殷殷寄语：祝福未来"这一板块的备注语是："用辛勤和努力创造美好的未来，听从内心，爱你所爱，行你所行，此生赤诚善良，一路乘风破浪！"

做班主任的总是不嫌啰唆，活动临近结束时我再次寄语同学们："珍爱生命！做一个真诚善良、感恩进取、快乐有趣的现代中国人。自强自律、自爱自洁，爱你们！"又补充道："保持干净，学会做饭。"

最后，我们享用了毕业的甜品——蛋糕（像每一个月的集体生日庆祝会一样），并将一起期待"2031年7月20日星期日"这个无比美好的共同约定。担任毕业班班主任，每一年暑假我们都面临师生分别，因为这些毕业典礼所带来的仪式感，我们过往共同生活的点滴更显珍贵和值得留念。珍惜与学生在一起的时光，不论哪一年、哪一届。

毕业仨月就回聚

迎着毕业季，六（3）班学生的毕业典礼简洁极了。等到这些学生离开小学母校，到各个中学去报到之后，这一个班的孩子与我之间，似乎便不再有多大的联系和交集了。随着九月秋季新学期的到来，有了六（2）班这新班级和新事务的忙碌，过去带班的学生自然联系得更少了。

九月中的一个周末，原六（3）班学生中的肖甜、温洁等同学给我打电话来，问候之余，说："老师，国庆节有没有空呢？我们去小学看看您！"我问："还有哪些同学吗？"她们说了些姓名，我数了数，有十来个呢！"老师，除了这些同学外，还有其他同学也想来，我们就回到母校聚个会好吗？"我答应了，时间定在国庆节假期中的一天。屈指数数，从7月份毕业，到国庆节相聚，中间相隔也就三个月的时间。这大概是我带班以来，在小学毕业后最短时间举行同学聚会活动的学生了吧！毕业后三个月，严格说应该是差七天三个月，这班学生就相约策划和组织了人生"第一聚"——小学同学的聚会。10月6日下午在小学母校相聚，我比相约的时间更早了些到学校，做好聚会课件迎接学生的到来。教室里的多媒体投影屏幕上，展示着这次相聚的主题："一日同班，永远同学"。

很快，学生们陆陆续续到来了。因为有好几个学生到了市外的中学就读，班里原有的59人中，这次相聚到了40人。大部分学生都没怎么变化，有的只是长高了一点点。其中陈小勇和彭小威此前已经来我新办公室见过两次。严怡，我曾经的语文科代表，一个比较瘦、跟我同一天生日的小个子女孩儿，相对变化大了点，但这变化也只不过是长胖了一点点而已。这天一见，感觉同学们还是小学六年级的那个样子。此时此刻，讲台上主持说话的是我，调控电教平台的是我，组织大家在黑板上写标语的也是我，吩咐大家清洁教室的是我……这番情景，不就是他们在小学时候的常景么？此时此刻，学生和我、我和学生，都仿佛回到了小学时代的课堂，罗老师还是他们的罗老师，班主任还是他们的班主任。这短暂的一聚，就像我们过往所有班会课里其中的一节课一样，朴素而难忘，简单而意义深远。

这一天，我看见了他们彼此间的深情厚谊，看见了他们对学校、对老师的深深怀念。我对班长李朋说："下一次这样的聚会活动，得由你来主持啦！"他像从前一样，笑了笑，仿佛用眼睛说："好！"

男生为女生系鞋带

课间,我刚刚从教室走进办公室,就听见身后有人喊:"老师,张锋把小慧的鞋带弄松了!"我转身,寻向事发现场的学生。

走廊上,只见邻班的女生小慧委屈不已,而我们班的男生张锋同学则一副"我是王者我怕谁"的姿态,正眯着眼瞟向小慧同学。张锋一见我,马上扭头想进教室去。我喊住了他,问:"是你把小慧的鞋带弄松的?""是。"他很诚实,也很坦然。"那就请你给她把鞋带系好吧!"他仿佛有些惊讶老师这么平静的反应。

我不愠不火,平静地重复道:"把她鞋带系好啊!"我耐着性子,尽力显得和颜悦色,微笑着望着他。见我毫无讨价还价的余地,他缓缓弯下腰去,轻轻捏起小慧同学右脚上的鞋带,打起结来。可小慧一抬脚,鞋带就又松了。我请他重新系一次,认真打好结,用心系好。系好了右脚鞋带,谁知就在他站起身来时,把手一伸,故意把小慧左脚的鞋带拉松了,装作继续系鞋带的样子,竟想把左右脚两根鞋带绑在一起!见这架势,我厉声道:"好好系!系好它!"他再次弯下腰去,不情不愿又无可奈何地捏起鞋带。也许是"慑于"老师的威严,他最终老老实实地分别系好了两根鞋带。至此,事情还不能结束,张锋似乎并未真正懂得何为承担,还未懂得自己应该承担什么且学会真正友好地对待身边的同学。一场语重心长的谈话后,两人冰释前嫌。张锋真诚地跟小慧同学道了歉,之后,眉开眼笑着奔向自己的教室去了。小慧同学呢,因为老师及时妥善处理了她遇到的事情,没有偏袒自己班的学生，深切感受到了女生在男生面前的尊严，也高高兴兴地回到她班里去了。

为自己的行为负责，敢于承担自己应该承担的责任，是每个学生必经的成长之路。教育路上且行且思考，且思考且努力，我们就能够挖掘和发现教育的新契机。

"龙头龙尾"

> "望子成龙,望女成凤。"面对我这班学生们,我常常"望生成龙,望生成凤"。原来,老师对学生也如父母对儿女一样,存在着期盼成才的心态。

早读课上,我检查着学生朗读课文的情况,总是特别注意观察他们读的状态是不是专心于当下,是不是真正做到"两耳不闻窗外事,一心只读语文书"全神贯注地投入。环视一圈后,发现大多数学生都能端正姿势,认真朗读。与此同时,我也发现有两个学生状态不佳。趁着自然段落读完的间隙,我示意大家暂停朗读,目光在两个学生之间来回转,说:"龙思、小龙,你们是龙头龙尾呀!"(这俩学生的姓名,一个是姓"龙",一个是名字末有一个"龙"字)学生一阵笑。他们为什么笑?若在面对前几届的学生,我一定会认为他们都听懂了我这是正话反说,所以会心地笑。然而今天面对这些相处才两个月的学生,经过两个月的相处、磨合,我深深感受到他们的整体理解能力还需要大力度开发和提升,还得创造条件对他们进行理解力训练。这种不太乐观的看法让我有些吃惊,也给我带来了不少焦虑。为了再次检验他们,我特意问道:"大家知道我说的是什么意思吗?谁来说说?"见大家欲说还休的犹豫不决,我笑着重复了一遍:"谁来说说老师表达的是什么意思?敢于发表自己见解都很了不起哦!"一个同学说:"老师就是说龙思是龙头,小龙是龙尾!"我首先肯定了她敢于发言。举着手想要发言的学生越来越多,真好。又有一个学生说:"龙思同学姓名开头第一个是龙,小龙姓名的最后一个字是龙。所以说他们是龙头龙尾。"嗯，很不错，懂得从姓名中发现"新大陆"，我表示了赞扬。褚子同学，一个沉默寡言的大个子男生，只见他右手高高举起，得到老师的示意后，他娓娓而谈："说龙思是龙头，就是说龙思同学表现好，上课比较认真、学习比较好；说小龙是龙尾，就是说他上课还不够认真，又常常不按时做作业、学习还得继续加油努力呢！"这个见解让我惊讶，却见许多学生纷纷表示同意，甚至开始窃窃私语表达自己的同感。我肯定了他想法的独特。至此，我惊讶地发现，原来这班学生在两个月的言传身教中，或多或少受到老师的影响，甚至已渐渐成为老师的影子，越来越懂得从老师的正话反说中领悟到老师意味深长的教诲。

"是的，同学们，让我们一起做'龙头'吧，只要我们坚持努力，每个人都可以成为最好的自己。"学生恍然，刚才状态有偏差的学生也意识到了自己不应该走神，满脸愧色。待我吩咐再次有感情朗读课文时，他们的状态已经和其他学生一样，令人欣慰地汇成琅琅书声了。

有效的鼓励就是时刻注意学生的点滴进步，及时加以引导，变负为正，激发学生努力向上的动力。为人师者，应该将期待化为学生自身发展的内驱动力，让学生在不知不觉中产生积极的期待效应。

尊重一件上衣

广东大亚湾的天气有点意思,已经进入十一月份,再过几天就是二十四节气中的小雪了,仍得备着短袖上衣。早晨七点多走在上学(上班)路上,凉意还浓。到了八点多在运动场做广播体操时已是艳阳高照,有许多同学热得纷纷脱去长袖校服外套,上身只穿一件短袖校服了。

毕竟是孩子,黄宝和朱曜两位同学离开教室前可能没想到已经热起来了,到了运动场才感到应该脱去外套。于是我请他俩把脱下的外套放在队伍后面的空地上,一处不影响做早操的地方。旁边列队中较前位置的陈文同学看了,也想把外套脱下来。看他已热得满头大汗的样子,我就请他把外套脱了,只穿一件短袖上衣。随即让排在队伍后面的黄宝接过陈文的外套,请他帮忙放在与他自己衣服并排的地方。

这一"随即"不打紧,只见黄宝同学接过衣服后,马上来了个"抛物线",将陈文同学的衣服一扔,扔到了比他自己的衣服更远的地方。也许孩子本无心,在他的思维框架里,这不过就是又一个有点小快乐的小小动作罢了。贪玩,终究是每个孩子与生俱来的天性。

可是,老师说的是轻轻放,这样一扔,就不是"轻轻放"了,并且扔到更远处,也不是"放在与自己衣服并排的地方"啊,完全没按照指令执行。若是放在平时学习、完成习作上,岂不是完全没有审清楚题目要求,彻底变成"一行白鹭上青天"——离题万里了?同时,我突然意识到,关于学生的尊重教育,平常教育工作中,作为老师的我们,是不是更注重于师生之间、父母儿女之间、长辈晚辈之间?

同学友好相处的尊重教育是不是也仅仅停留在表层，只要不闹矛盾、和平相处就好？黄宝这一小动作，给了老师思考的空间，也让老师抓住了恰当的教育契机——站在黄宝同学身旁，我轻言细语却严肃地指出了他"扔"得不妥和不妥的原因。我请他在做完早操后，抱着陈文的衣服沿着篮球场四分之一的边缘线来回走一圈。"要像抱着你自己的宝贝一样哦！"当时他也是默不作声，看不出情愿或不情愿。早操结束后，他已经主动往篮球场边上走去。看着他双手紧紧抱着陈文同学衣服在胸前，生怕衣服掉下来而小心翼翼走路的样子，我微笑着再次说道："像搂着你自己的宝贝一样哦！"他看了我一眼，腼腆地笑了。随后，他走到陈文同学跟前，跟他说："对不起啦！"二人一言和好。我想，这个皮肤黝黑的高个子男生一定从这次小小体验中懂得了发自内心的尊重。

　　从运动场回到教室里，我把这件事在班里说开了（其实学生都在运动场中看见了这件事），轻描淡写又意味深长。尊重一件衣服，何尝不是心灵深处最柔软、最温暖体现？

变形记

  星期一早上，全班学生参加每周一次的升旗仪式。站在操场上的四列队伍中，同学们的站姿和精神面貌已经让我这个年长的新班主任感到欣慰——用我们班特别的提醒方式，大家已经越来越能做到改变陋习、超越过去、超越自己。这是升上六年级以来的良性发展。

  我们班列队在六（1）班和六（3）班之间。有一个长得很清秀的女生让我一直很纳闷儿：安安静静，很温顺的样子。我面向队伍，能感受到她的目光一直跟随着我，微微扬起的嘴角，却让人无法明确她是否在愉快地笑，这神情太平静了。起初我想，她应该不是我们班的同学，她没戴眼镜，这面孔，我怎么一点儿印象都没有呢？可若不是我们班同学，她怎么盯着我这个"不是她班老师"的老师一直看呢？我是不是得说些什么？于是对她说："今天你这姿势站得特别好，非常棒哦！"同时对她竖起了大拇指。她微扬的嘴角有了笑意。这里靠近六（3）班的女生队，再瞧瞧她后面和她前面的同学，这可都是我们班的同学呀！这个女生，是我们班的同学无疑，可她到底叫什么名字？我很懊恼自己的断片，同时在记忆中极力搜索有关这个小女生的信息。

  仪式结束后，我仍没想起她叫什么名字来。回到教室里，我表扬了同学们今天升旗仪式集队过程中表现出来的整体风貌，谢谢大家做到了"管住自己"，并让老师感到骄傲。我环视整个教室，又极力寻找我心中的小女神。这世界真是太奇妙，目光巡了半天，也没找到那个女孩。我再次感到懊恼，我的学生，相处了两天的49

个学生，我竟然无法在第一时间辨认出每一个学生并将姓名和本人对上号来，我自责不已。难道真是年纪大了，记忆力下降？

我只好面对全班同学，真诚地虚心问道："升旗时站在张筱后面的女生是谁呀？叫什么名字？"又转向张筱："张筱，站在你后面的同学是谁啊？""小粤！"怎么会？小粤？杨小粤？就是那个整天一副粉红色边框眼镜，小博士模样的杨小粤同学？我安排她负责每天擦黑板，每天放学后做好教室消毒登记，对这样有专项工作的同学，我一直关注有加，我感觉我对她再熟悉不过了！我转向安安静静坐在第一组窗边的杨小粤同学，她的神情证明这个答案是确切的。我的心咯噔一下，这……此时此刻安静坐在位置上的小粤，戴着浅蓝色口罩，一副粉色边框眼镜，就是我常见的标配模样呀！

"哦，小粤！你'变形'了呀，难怪罗老师认不出操场上的你了，对不起啊。"只见小粤仍然一副波澜不惊的淡定，却已让人感觉到她那浅蓝色口罩下是轻轻扬起的嘴角。实际上，小粤还是那个小粤，是我的惯性思维引发了自以为是的"变形"想象，值得自我检讨和反思。

难忘的第一次

王智昊

自从升上六年级,我们就相遇了一位让人捉摸不透的班主任——罗老师。正是这位老师,为我们带来了许多非同寻常的"第一次"。

亲爱的小伙伴们,你们是不是都庆祝过生日呢?你们庆祝生日的时候,有多少次是跟自己的同学一起度过的呢?又有多少次的生日会上的主角不只你自己一个人的呢?你来看看,这一年,我们六(2)班就是校园世界里第一个拥有这种生日会的班级了。记得第一次听见老师宣布这个庆祝活动时,同学们简直不敢相信自己的耳朵,但不一会儿,整个教室就像炸开了锅,因为老师笑着给了我们肯定的答案——这是很快就要发生的最真实的事。同学们开始讨论、商议起各自的任务,负责买蛋糕的、负责策划的同学马上开始忙着征求意见、筹划活动过程。当月过生日的同学更是像得到了无价之宝一样,开心得无法形容。当然,其他同学也一样尽心尽力。当蛋糕送到我们的教室时,其他班的同学都投来了无比羡慕的目光。

生日会开始了。当蛋糕盒一打开,一个别出心裁的大蛋糕立刻出现在我们的眼前,同学们以一阵又一阵热烈的掌声感谢那些乐于分享零用钱给我们带来大蛋糕的同学们。"小寿星"们羞涩地走上讲台,接过老师自创的生日祝贺卡,在我们一遍又一遍《生日歌》的歌声中默默许下美好的愿望。老师还将手机交给了我们的"摄像师",耐心地给我们的"小寿星"拍了一张又一张幸福的照片。接下来就到了同学们最欢喜的"分享寿星蛋糕"的环节了。老师帮忙切蛋糕，而"小寿星"们一手端着盘子一手拿着叉子去分发蛋糕。同学们脸上都洋溢着满满的幸福与快乐的笑容，蛋糕在我们每一个人的嘴里化成了一朵朵幸福的花。

我真的很感谢这个班级，因为它让我们这些同学聚在一起，让我们深刻感受到许许多多让人开心得想哭、伤心得想笑的事情，而最不可疏忽当然是我们认识和相遇了这位带给我们无比多"第一次"的罗老师啦！我们很快就要小学毕业了，将要离开这个班级，但这些事一定会留在我们的心里，永远永远……

第一次过班级生日

高少慧

人生有很多第一次，每个第一次都会给我们留下深刻的印象。但是，有一个第一次是最有趣、最有意义的，也是最令我难忘的一次。这个第一次，就是第一次过班级集体生日。

这件事是我六年级上学期发生的，在九月份。当老师宣布要办一个属于我们六（2）班的生日会时，大家都感到无比惊讶和惊喜。全班六十六个人一起过生日？不会是天方夜谭吧？没过几天，在某一天下午，我们真的举办了生日会。这个我人生中第一次在教室里办的生日会，让我终生难忘。也许因为是第一次，这个生日会特别热闹，同学们也特别兴奋。

生日会开始了，先是掌声请出在九月份过生日的"寿星"，其他同学开怀地唱起了《生日歌》。中文一遍，英文一遍，就这样多次循环地唱啊唱啊，笑啊笑啊。罗老师让"寿星"来切蛋糕，自己也在一旁帮忙着——这蛋糕太大了！我们每一个人都分到了一块蛋糕，虽然不大，但是我们懂得了分享，懂得了分享就是快乐。有些贪玩的男同学看见自己盘子里只剩下一丁点儿奶油或蛋糕屑时，情不自禁地往别人脸上抹奶油或蛋糕屑。有的同学脸被抹成了一个"花猫脸"，还有的变成了一个"白胡子老爷爷"。他们都高兴地嬉笑着、追逐着……

就是这意义非凡的第一次集体生日会，让我再一次深刻懂得了分享的快乐。难忘第一次生日会，难忘永远的六（2）班！

中篇 我与课堂

带班,
有真趣
DAIBAN, YOU ZHEN QU

把每一节课都上成讲座

仿佛一切都很微妙，都是在某些瞬间才大彻大悟其中的不可逆转，于是理想转行、圈圈变小、交际简化、真性情极尽朴实、价值感自主提升——我们的班级我们做主，和学生一起，把每一节课都上成趣味讲座。

把每一节课都上成讲座。新一年的3月6日，下午，我与学生共同回味了前一天下午"友谊二重唱：祝福理想"的活动情景。同学们仿佛都还沉浸在当时的热烈氛围中，每个人都很激动、兴奋、欢呼——这班学生，在升入六年级阶段才经历了许许多多史无前例、几乎不重样主题活动的美好时刻之后，再一次深刻感受到了如此与众不同的第一次——与真正的师兄师姐面对面。感恩、友谊、学习、理想，是这个面对面给我们的感悟，也算是我对学生的要求、鼓励或是期待。只要按照班级师生共同成长与幸福发展的理念去实践，真诚对待和珍惜师生共同相处的每一个日子，在这些日子里为"留下足迹才美丽"的班级生活创造出一些新点子，期待都将变成实践。因为老师和学生都深知：我们彼此只有一个学年的相遇期，而今距离小学毕业只剩几十天了。这场讲座，从作为大学生的师姐童嘉向老师赠送一束鲜花拉开了序幕。童嘉、余文、戴培、胡崇、张英、田美等同学一一发言，他们分别从大学生和社会工作者（有些同学初中、高中毕业后就因各种原因参加工作了）的角度与感受，跟同学们分享了他们的见闻和经历，回忆了当年他们作为小学生的一些小趣事，同时也鼓励同学们珍惜时光认真学习。这些大学生给我们班的小学生带了一些糖和饼干作为礼物，发言完毕后一一分发给同学们。进入互动环节，大学生和小学生热烈地交谈着，每个学生都如此动容。

我想到资源共享，这些大学生或继续在高等学府深造，或因各种原因已经步入社会打拼，难道不也是一种不可多得的教育资源么？已经小学毕业的孩子回到小学母校，回到课堂，回到他们班主任的班里，这对他们来说是对过去人生求学路的再次体验，是过去小学课堂生活情景的再现，是重温。对现在正读小学六年级的学生来说，是对未来的选择和向往。大学生的到来，促进了小学生对当下学习和生活的思考，也必定更懂珍惜和感恩，这样的班级必定是归属感和集体荣誉感特别强的班级，也必定是一个具有强大凝聚力的幸福班级。

这一学年里，我们班花了比别班多出许多的时间，让学生真真切切体验了各种各样他们从来没有体验过的新鲜事。每一个小梦想都成了大实践，而校园里的每一个角落：教室、走廊、运动场、图书室……都成了我们活动的实践基地。在这些实践基地上，我们把每一节课都做成一场不可复制的趣味讲座，整合于德育课堂，也融合于语文课堂等跨学科教育，像《手指》，像《两小儿辩日》，像《匆匆》……是的，我们在实践过程中即使还有些地方的行动暂时不够完美而需要用一句话来训导，也要把这句话说得婉转动听，直入每一个人内心深处。每一个讲座式的课堂都有趣、有活力，寓意深远，令人难忘。学生开心接受教育得以健康成长，老师亦得到育人良方反思和同步提升。

课堂上一起闻花喝茶

  这天上午第一节课，语文按照教学计划，将要教学《桂花雨》这篇课文。上课铃声响了，像往常一样，师生问好之后，就开始了新课的导入。

  我开始了情景设置："来，亲爱的小姑娘、小伙子，请大家按指令来做：轻轻闭上双眼，左手伸出来，手掌弯成托盘或杯子的样子。"在老师情境语言调动下，学生略显郑重又很自然地挺直了身子，好像正要去完成一件无比庄重神圣的大事。我一边继续用我能想到的最好的导语，指引着孩子们做出相应的动作，如深深呼吸、嘴角轻轻上扬、保持安静，以及按老师的导语进行情景想象。另一边，我轻缓地走过每一个同学身边，在每一个学生张开成杯子状的手掌心里放上一小撮桂花（都是干花，就是可以用来直接泡水喝的小桂花）。感觉到手心里有东西，有些学生忍不住想要睁开眼睛。"请继续闭上双眼哦，按最开始的指令要求那样保持，让我们一起坚持。现在，请同学们把手心靠近鼻子，轻轻地闻闻手心里的东西，猜一猜这是什么？你的感觉怎么样？""好香呀！""是什么呢？""花！""是什么花呢？"大概有一些学生已经预先知道了教材里有《桂花雨》这一篇课文（在此之前，我给学生梳理过教材目录，让每一位同学都要自己先了解整本书目录），马上接话道："桂花！""对！一定的，是桂花！"又有同学嘀咕："桂花长什么样子呢？"一阵各抒己见之后，我继续引导："现在，请大家带着刚刚的想象和感受，缓缓睁开双眼。"得到允许，待学生全都睁开眼睛的时候，我看到了他们那万分惊讶的神情！他们情不自禁将两只手掌并在一起，使捧着那么一丁点儿干桂花的双手显得更小心翼翼！我让学生翻开课本，找到《桂花雨》这篇课文，把手心里的花儿随意点撒在课本的插图上。课文刚好配有一幅桂花树的插图，现成的桂花撒上去点缀在这棵桂花树上，整个画面显得逼真极了，课文插图也似乎有了生命。

第一课时结束后，我特意在办公室用桂花（先把干桂花蒸熟）冲泡开了，简易做成了桂花茶带到教室。进入第二课时，我请大家准备好杯子盖，按照各个小组的顺序，我给每一位同学倒满他们的杯子盖，请学生细细品味。"哇，好香啊！""我是第一次喝桂花茶！""我也是。""我也是。"见学生的情绪已经进入热情高涨的状态，我让学生开始集体品味这特制的桂花茶。他们兴奋得忍不住欢呼，每一位学生所表现出来的满足和幸福着实让我感动！我也如实告诉他们："这可是老师第一次送'花'给学生啊！虽然不是玫瑰花。"一听"送花"，这些读于五年级的学生便大笑不止。我继续说："这也是我第一次亲自泡茶给学生喝，还是这么珍贵的桂花茶呢！"他们又有些小激动。我知道，我这一班学生一定是第一次有此番赏花品茶的人生际遇，也一定是第一次遇见了给他们泡桂花茶，并创造了机会在课堂上允许他们喝茶的老师。

我想，这是能让学生一辈子都铭记于内心深处的课堂。进入高年级之后，学生几乎不再玩一些他们认为很幼稚的游戏了。现在的他们，既不玩折纸片儿，也不再感兴趣于手绳或别的绳子。因此，这样一节课给了学生一个完全轻松而又极具体验感的情景。这个课堂里，学生学习的是小学课文《桂花雨》，在课堂中感受到了桂花在鼻尖下的清香，也感受到了品味桂花茶的惬意。这是学习课文，又不仅仅是学习课文。同时，这也是我一辈子都难以忘怀的课。

面对学生，只要用心感受和真诚付出，一定能收获最真诚的回应之心，使我感到做老师的幸福，在这种幸福中得到教书育人的专业成长。我越来越喜欢课间的时候或其他课余时间里与学生待在一起，我发觉这样做有很多意想不到的收获。有时我也参与到他们的游戏之中，例如"石头剪刀布"或"黑白配"。我深信，教育就是和学生在一起。

语文课中的数学趣味

  星期一早上第一节的课最不好上，主要是因为经过周末两天后，学生的"双休日后遗症"特严重，不知道这算不算是"5+2<7"的失落。我原本打算讲授《南方新课堂》练习题，但面对学生环视一周后，我快速思索一番，对他们说："我们来做道数学题吧！"一听我说"做数学题"，学生半信半疑竖起耳朵。我接着说："10只动物玩老鹰抓小鸡，被抓了3只小鸡，还有多少只小鸡？"语文老师果然是出数学题了，这下，学生立刻来了兴趣，马上有人脱口而出："7只！"也有人不太自信地发出了声："6只？""还有别的答案吗？"我追问道。沉默几秒后，有人举手，弱弱地答道："5只。"怎么算得越来越少了？还没有别的答案呢？我们继续做"调查"。经粗略统计，持7、6、5这三种答案的人数不相上下，并且再没有第四种答案。"韩小梦，你赞成哪个？说说理由。"这个高个子大丫头，只见她腼腆地站起身来，有条不紊地口头列出了算式："10-1-1-3=5（只）。"为什么是这样算呢？我请她到黑板前来，把式子演算在黑板上，并让她做现场讲解员。她一句话点出了这个答案的关键："因为要减去一只老鹰和一只母鸡。"此外，我又分别请认为答案是7或者6的同学发表了自己的见解。大家经过一番讨论，最终更认同韩小梦的答案，对它毫无异议。学生原先微微慵懒的情绪已被完全调动起来：原来老师果真要出道数学题啊！

  顺着瓜藤摸叶蔓，我在黑板上写下数字123，故意提问："大家学过加法吧？谁能举个例子？"学生情不自禁笑起来，每个学生脸上皆是自信的表情。是呀，这些题目真是太简单了。而我们已经是五年级学生了呀！有个学生说二加三，于是我写下2+3，并将之前写的123补充为1+2+3，接着对大家说："请根据这个算式猜一个四字成语或词语。"学生思维得到激活，举一反三、三心二意、不三不四、接二连三，学生一气呵成给出许多答案。"谁又能根据'不三不四'写出一个数字呢？"我微笑着。这好像有点难，大家沉默的时间有一分钟左右，全都一副绞尽脑汁的思考状，那神态既有"踏破铁鞋无觅处"的焦虑，又带些"山重水复疑无路"的失望，但更多的是掘地三尺非找出答案来不可的桀骜。我心里忍不住乐开了花，每个人都能够做到爱思考，能进入到一定的思考状态，正是我想要的教育效果。"大家想一想，能不能逆向思维呢？不三不四，你是不是想着肯定不能写出3和4吧？现在，我们偏要写出3和4来！""啊？"学生仍有疑惑。于是我在黑板上分别写下3和4，又问："大家看看，怎样就能把老师写的3和4变成一个数字呢？给它们添点什么？"添点什么……沉默无言转为自言自语或是同桌之间的窃窃私语。"大家认识小数——点——吗？"我拖长声音给暗示。"啊！三点四！""三点四！""三点四！""三点四，没错！"一个单独的声音渐变为一片喊声。"除了三点四还有没有其他？比如换个位置？"我平静地再次提示着。"四点三！""对！就是四点三！""哈哈，这个简单啦！"接着，1×1=1、0+0=0等也写在黑板上，由学生进一步去发现、去探寻。

"在此之前，大家遇到过或感受过语文课讲数学内容的吗？""没有！""现在感受到了吗？"同学们笑声一片："太好玩了！"老师要布置的学习任务来了："今天的任务是什么？你们懂得的。"（现场习作，这才是本节课的目的！）"知道啦！"（心有灵犀。）"真不错，今天的任务就是分享。请同学们把在这节课里的所见所闻所感，与家里人或邻居、同学分享，并用语言文字表达出来，通过你的美文让老师真切感受到今天我们共同度过的美好时光。""老师，题目呢？""题目？题目自拟。自己起个别具一格的题目吧！"

一些执着，从未舍弃。我常想：我们的课堂是不是"过于异常"？似乎从来"没好好"上过一节"循规蹈矩的纯教材版"语文课，总是在紧紧围绕大纲、不脱离教材、又结合学生实际的情况下信手拈来，遇到什么上什么，想到什么讲什么，只是一个规矩从无方圆。就如这节课，原计划我们应该赶紧把习题评讲一遍、复习一遍，准备第二天的测试，但我们却上了一节空前独特的素材作文课。我们的体验式作文就是这么无处不在，我们的快乐幸福就是如此时刻相随！可喜的是，在本次作文中，平时那几个基本写不出连贯语句来的学生也能写出精彩的句子，作文水平大大提高了。

我们相信，每一个学生都可以化蛹成蝶。给课堂多一些趣味，给学生多一些发散思维和发展思维的训练，也许我们就能激发他们内在的兴趣，也能激活学生内在的潜力。人文教育，理想常在！

班会课不一般

5月20日举行班会课这个事情有点亡羊补牢的意味，原本并没有要做这个的打算。5月20日，一个再普通不过的日子，况且当天的课比较多，累得我不想说话。但一点点意料情况让我不得不重新思考，于是就有了这一节主题班会课——《同学520老师》。也可以这么说，这节课是专为小丹这样的学生举行的，同时也算是为自己的思虑不周而采取的补救措施。于生于师，都有些亡羊补牢的意思。

这是我新学期刚接的五年级，班里学生共有66个。开学两个月后家长会我才知道，小丹的家庭情况实在特殊。她的爸爸妈妈很早就不在一起生活了，妈妈一个人带着她们姐妹俩并且赡养着两个老人，又供着一套房子的贷款，生活捉襟见肘。听说这位坚强的妈妈一个人同时担着五份工作，尽管同住在一个屋檐下，却因为妈妈的工作忙碌，小丹很难时时见着自己的妈妈——她上学时，妈妈已经出门工作去了；等她晚上休息入睡时，妈妈还没有下班回家。中午放学回到家，她带着妹妹常常就着一包榨菜便解决了一顿饭。我想，这孩子需要更多的爱。而这爱要以什么样的途径才能更好地传递到小丹呢？

受到网络上"520——我爱您"的启发，也出于对学生妈妈自强不息、奋斗不止的敬佩，5月20日上午放学时，我将小丹请到办公室闲聊，末了很自然地交代她把两盒蓝罐曲奇饼带回家。谁知道她却死活不肯接受。我知道，她是认为老师知道她家贫穷而特意照顾她，所以她很果断地拒绝了。我说纯粹是因为她妈妈值得我们敬佩，这只是请她帮忙带给她妈妈而已，与经济贫穷或富裕绝无关系。后来，她终于被老师的话说服和打动，很乐意地带着礼物离开。我却隐隐感到，自己是不是考虑得极不周全？我知道她自尊心极强，才撇开班上其他同学，请她独自前来，并以"帮忙带给她妈妈"为理由。但我疏忽了一点，这孩子极其自尊的同时也极其自卑的，她怎么愿意平白无故地接受别人（老师）的馈赠呢？我得反省反省，得立刻做点什么！于是下午我就有了这"不速之客"——一节亡羊补牢式的主题班会课——《同学520老师》。

这节课以言谈交流为主，开场白从"师生相遇一场是一种难能可贵的缘分"谈起。我们讲到这学期刚转来的新同学，讲到老师感受到了同学们对老师真挚而热烈的爱。随后，请同学们根据自己身边的小事或自己经历过的事，谈谈自己是如何感受到同学或老师对他们的关爱的，也可以谈谈班级活动、课堂以及对同学和老师的看法或建议。接着，话题回归到那些用实际行动不断努力而取得不同进步的同学身上，引出了老师对同学的爱或是严厉并慈爱的，就像课文《"精彩极了"和"糟糕透了"》中说的那样："'精彩极了'也好，'糟糕透了'也好，这两个极端的断言有一个共同的出发点——那就是爱。"由此给全班同学传递这样一个信息，那就是老师的殷殷爱护和希望：每一位同学都能在爱的鼓舞下，驾着生活的小船努力地向前驶去。最后，我们在班会课上以爱与鼓励的名义，给同学们赠送了不同的礼物。班会课在"我爱老师，就像爱米兰……"的歌声中落下了帷幕。

班会课结束，当我看到小丹同学像往常一样眉开眼笑的样子时，终于如释重负。科学家钱学森的学生、"相似论"的创立者张光鉴老师说："要蹲下来看学生，老师要和学生相似，而不能要求学生和老师相似。"小丹用她的倔强，给我上了一堂最好的"教师为师之道课"。

斤斤计较

  教室里静悄悄，我们仿佛停在那里，像课文中说的那样，几乎没有声音。每一个学生都安静地思考着，奋笔疾书——对，教室里正在进行第五、六单元综合测试。"请大家好好写字，认真做题。今天，老师要跟你写的字是否工整计较了哦！"练习卷刚发到同学们跟前，我便做了温馨提示，进一步强调测试卷必须书写工整美观，不得潦草马虎。"计较"一说，是班级里早就共同达成的约定。比如说，这次测试书写字体的要求，就是要按最基本的"工整法"要求完成，要是潦草马虎乱写一通，"成果本"（练习卷或作业本）就得被驳回重新写一遍，这"重新写"就是我们班级约定的一种"计较"，意在让学生懂得文字书写马虎不得，对待任何一件事，做到"只要有了开始，就做到专心致志全力以赴"。

  测试结束，全部练习卷收回讲台上。我们把每一份练习卷都投影到屏幕上，和学生共同检阅所有练习卷。练习卷一张一张被捏起，将正反两面检视一遍后，由学生共同把关，一致说"过"，就把它轻轻放在原来练习卷的右边——这一类练习卷是书写工整的，可以很肯定是用心认真对待的，检阅继续……安静中，学生众口一声"不过"判定了我手中的这一张练习卷书写结果不合格，需要被"计较"了。我看了看姓名，"张哲。"我不急不缓地念道。他走上讲台来，不好意思地领回了练习卷。同学们都屏息凝视着，看着练习卷一张张从我手中经过。"陈雨。""陈江。""刘艺。""周嘉。"断断续续地，在同学们不约而同"不过"的"判决"中听到自己名字，这些学生一个个走上前来领回了自己的练习卷。验完所有练习卷后，竟有十张练习卷写得一塌糊涂，字迹潦草不堪。看来，我们得"计较"了。

"这样吧，赠这些同学每人一张A4纸，把书写潦草的内容重新工整写好，没做完的部分重新做完。明天交来。"我说，尽量显得可亲又不失严厉。

第二天，这些同学将用A4纸重新制好的"练习卷"交了上来，每一张都工工整整、美观大方，连看图写话中的小插图都画得栩栩如生。周嘉向我道歉："老师，对不起，是我的态度和习惯不好，我会改！"其实学生哪个不是聪明的小孩呢？可是为什么会连严肃的测试都如此这般无所谓地对待，平时是怎么对待学习的呢？

为自己的过错承担责任，不但是自身成长的条件，更是品性修炼的前提。作为老师，求学道上的领路人，我希望我就是那个雕琢、塑造、锤炼学生的人，我用这看似"不近人情、不给机会"的"斤斤计较"使学生成为更好的自己。学习永远是自己的事，且行且努力！

那样丑的脸，那样长的牙

  新学期两周后，这群五年级的学生已经跟我热络起来，有学生跟我说："老师，你上语文课真有意思呀。"这话让我高兴，我们会心，我知道她说的是怎么回事。事情得回到学习第二单元课文的那段时光。那天，我站在讲台旁边，笑眯眯地看着他们，说："欢迎我啊，你们的语文老师！"

  我喜欢上课，在课堂里更能找到真实的自己，也努力保证让语文课堂充满了诗意、充满了活力，更充满了欢声和笑语。然而面对课堂上不专心听讲的学生，每一节课都需要老师特意提醒仍收效甚微的时候，一度让做老师的我感到特别头疼。好在，"山重水复疑无路，柳暗花明又一村"——每件事至少有三种解决办法，办法一定要比困难多。

  消灭我内心挫败感的转机终于来了。有一天，我们学习第二单元的课文《冬阳·童年·骆驼队》，讲到作者看着骆驼咀嚼的样子，我带领学生朗读"那样丑的脸，那样长的牙"时，许多同学都情不自禁笑起来。最初，我感到莫名其妙，我读错了吗？有学生终于忍不住，站起来说："老师，您读得太有意思啦！我们都以为你说'哪一位'同学长着那么丑的脸和长着那么长的牙！"听她这么一说，才发觉原来我的神态有那么一点点夸张，语调有那么一点点别趣。我想，就凭这一点，课文中描述的骆驼咀嚼的样子一定深深地印在他们的脑海里。他们听我读完，也接着读了起来，目光却不经意间就瞟向了他们各自认为长得"丑"的同伴身上。可是这些学生长得并不丑啊，个个标致得很、帅气得很。突然之间，我好像明白了什么——这群学生，都是明眼人呀，他们甚至比老师更容易观察和领悟某些无法言说的事情。这发现让我心中咯噔一下，对不专心的学生马上就有了应对的好办法！于是从此以后，每次讲课，只要遇到上课不认真听讲的同学，他们便总能听见"那样丑的脸——"还没等老师念完，其他学生已自然接道"那样长的牙——"，大家便会心一笑，那不专心听课或做题的学生便也专心起来。

所谓快乐教育，就是用学生感兴趣的事或语言激发他们内心的驱动，同时寓教于乐，帮助学生克服漫长学习路上的枯燥无味，度过特殊的瓶颈时期，让他们在润物无声的过程中真正体验到课堂学习带来的幽默感和快乐感。这不，当我又站到了讲台前，笑眯眯地看着他们，还没等我喊"上课"，他们不约而同道："欢迎您啊，我们的语文老师！"

什么叫"会背诵了"

今天语文学习的背诵任务是练习背诵第24课课文《少年闰土》第一自然段的内容:"深蓝的天空中挂着一轮金黄的圆月……"为了再次检查学生对课文背诵目标的明确性,练习背诵前,我随意一问:"什么叫会背诵了?"一听老师问这个,学生都愣住了,好像老师不应该提出这样幼稚的问题似的。学习语文,背诵和会背诵已是每天的家常事,人人都知道关于背诵的根本要求,师生认识第一天、学习第一课就交代得清清楚楚——我们是非同寻常的班级,背诵的要求自然是更严格的,也是更高标准的,那就是能准确默写出来才叫"会背了"。此刻,学生那愣然的表情显然是说:"老师,您多此一问呀!"是的,关于"背诵"这一概念,我们班是要求学生能准确无误地默写出来才叫"会背了"。在背诵所需的时间上,按照课本上文字的排版,一行文字一分钟就得背诵出来,几行文字就需几分钟。这个也是经过计算的,是可行的。当然,根据学生个人学习能力的不同,我们也会因人而异,灵活机动地给他们练习背诵的时间增加几分钟。在学习第一篇课文《草原》时,我们已经在班上集体试验过,试验的结果是证明此法完全可行。

但我仍然希望学生时刻做到心中有目标,有目标才有动力和专注力。付晨同学接着刚才的问题回答:"就是能背出来。"同学们笑。我追问:"怎么样才叫'能背出来'?""就是能流利地背,不要有错别字。"李紫同学说:"就是背得滚瓜烂熟,一字不落。"尹阳说:"就是背得很熟练,也很顺畅,别结结巴巴的。"我提示大家进行补充,学生马上嚷开了:"就是要能默写出来。"真不错,我对他们竖起大拇指，表示肯定。我以为就此可以结束这话题了，却见吕嘉同学站起来侃侃而谈："我认为会背诵不仅要背得滚瓜烂熟，还要学会运用。"我惊讶他讲到"运用"，问："什么叫学会运用？""就是能用到写作中去。""比如？"他想了一下，不好意思地看着我，我引导同学们抬头看看天花板，他马上说："比如课文上说'深蓝的天空中挂着一轮金黄的圆月'，我们就可以写'洁白的天花板下吊着六盏浅蓝色的风扇'。"这不就是我们一直倡导的习作仿写法吗？小学生正处于模仿阶段，习作入门以仿写为主。我们在第一次教学生描写人物时，开头就是借鉴《草原》第一句"这次，我看到了草原"，仿写而成"这次，我们看到了罗老师""开学第一天，我们遇见了罗老师""星期一上午，我看见了我的同学"……我突然深深惭愧，学生内在的潜力真是远超我的预期呀！

于是我引导着其他同学随着他的话，接着"运用"展开去："洁白的天花板下吊着六盏浅蓝色的风扇，下面是教室里的桌椅，坐着一群烂漫可爱、认真上课的同学。其间有一个十一岁左右的男孩，胸前佩戴红领巾，手握一支笔，在一本书上轻轻地划动。那书上的文字却毫不在意，任由他做着标记。"随着即兴语言的描述，我适时配上肢体动作，指着吕嘉同学和他的课本，吕嘉同学眉开眼笑，满脸自豪感。

从怎么样做到"会背诵"，使"会背诵了"上了更高一个层次，到如何运用"会背诵"，如何融会贯通提高语文学习能力，提升语文核心素养，始终值得每一位语文老师时时思考。"信赖，往往能创造出美好的境界。"课文《珍珠鸟》中如是说。确实，信赖学生的潜力，课堂教学就能创造出最美好的境界。

扭转唱读

那一节语文课,是一堂"唱读课"。我发现学生唱读课文的情况特别严重,这让一贯雷厉风行的我很不习惯,也让我看到朗读于他们,或许可以做些尝试。于是我期待自己能教会学生朗读不唱读,并感受其中的美妙,让学生懂得"学习是充满智慧的运动"。

这一天,语文课上课铃响了,我没有像往常那样喊"上课",直接省略了师生问好这个环节,直奔主题——我开门见山地请学生齐声朗读第六课课文。果然,这朗读语速"涛声依旧"。还没等到课文首句"骆驼队来了"这个句子读完,我已经不能继续听下去,及时打断并示意同学们暂停朗读。同学们都感到莫名其妙:这不是像往常一样,读得好好的吗?怎么一句话还没读完就让停下来呢?同学们疑惑地望着我,我不作正面回应,只是说:"同学们,老师重复一遍大家的读法,好吗?"同学们都说"好"。于是,"骆—驼—队—来—了—"我慢慢地、声音拖得很长很长,终于读完了,我略显夸张,一副喘不过气来的样子。却见同学们都愣住了:这样读法真是好别扭啊,原来同学们就是这样读的啊!"不要拖拉,也不要唱读,字和字之间果断停顿,词语与词语之间果断停顿。来,大家试一试,跟老师读——"我道。这样,学生跟读了两遍,基本知道在哪里停顿的时间长一些、哪里停顿的时间短一些,一句话就读好了。我对大家竖起了大拇指,夸大家"孺子可教",还说"跟聪明人交流就是快乐"。同学们都很高兴,更加有了自信要把课文读好。

这是一节语文课，同时也是我作为班主任的课。从某种意义上说，实实在在担起班主任这一职务，才能真切感受到"我们的班我们做主"的存在感，也才能真实感到"我的学生是我的学生"的成就感，所以对"做老师就做班主任"深以为然。班级管理方法是否适当且管用，班级能否给每一个学生带来集体荣誉感、责任感和归属感，均在于班主任有没有用心、用情地智慧运营。以此类推，班级建设在于"攻心"，做班级管理的有心人，便是引领学生成长的引路人。

我不会写

这个小男孩，有个很特别的姓氏，至少在我任教二十五年以来，第一次遇到自己的学生有这样一个姓——户。他叫户睿，个子不高，有些小微胖，双手肉嘟嘟的，一张圆脸，很有喜感。初见他时，给我的印象就是憨憨的，能说会道，挺招人喜欢。让我对他有了比较深刻的印象，是居家学习期间的一天，在批阅了他的线上作业之后，他妈妈给我发了信息："那天的作业孩子写得格外认真，也很积极，希望能得到您的鼓励。"我给她回复："再接再厉哦，坚持加油！"当她说到户睿是个"小话痨，很爱表达"时，我肯定道："爱说话的孩子情商都特别高。"她却随即告诉我："户睿说'会'说话的孩子才是情商都特别高。"果然是个"话痨"，我不禁想到，果然是一个会说话的孩子呀！我对他充满了好感。

但返校后经过一段时间的相处，我发现他的行为实在有些异常：上课偶尔打瞌睡或做小动作；他能认字，全班进行课前朗读时他却找不到课本；他能写字，却总是说"我不会写"，书写的工整程度也亟待提高；他两眼机灵，却总是目光涣散……种种小细节都表明，课堂上的他与居家学习中家长信息里所讲的有一定差别呀。这一天上午，我们进行诗歌仿写，仿照《致老鼠》练笔创作一首小诗。我在黑板上呈现出被仿写的内容，要求只要在横线上填写适当的词语就可以了。他一直说："我不会，我不会，我不会写！"为什么不会写？我找到了其中的原因。在教写作方法的时候，他并没有用心听讲，小手一直在折着一只小纸鹤，当我用语言、眼神提醒他时，他停止了折纸的动作，可还不足一分钟，又继续他的"工程"了。反复提醒，他仍然故我。所以，当大多数同学已经基本完成诗的填写，而他依然一个字都没写的时候，我心里很生气。可生气归生气，但我相信每个孩子的花期并不相同，也许户睿就是一朵到了秋天才开的花呢！

我耐着性子，走到他跟前，一对一辅导他。我想，也得借助同伴的力量帮助他。我走到讲台前，请全班同学都停下笔来，看着黑板。"现在，我们再一次一起来学习仿写这首小诗。"在这个过程中，我的目光更多地注视着户睿，不给他丝毫做小动作的机会。

"这首诗题目是《致老鼠》，我们从题目开始学起。大家现在看到黑板上写的是'致＿＿＿＿'，在横线上填写一个词语就可以，可以换哪个词？人物、其他动物、静物都可以，比如——"同学们七嘴八舌："小狗。""小猫。""小猪。""铅笔。"我看见户睿的桌子上有一个深蓝色的铅笔盒，我拿起来，引导学生道："请大家看老师手上这个铅笔盒，围绕它写一首诗，题目可以怎么写？""《致铅笔盒》。""真棒！'一双机灵的眼睛'可以怎么仿写呢？可不可以说'一身——'""可以可以，'一身深蓝色的外衣'。""'一双粉红色的耳朵'又可以怎么改动呢？铅笔盒没有这么形象的'耳朵'，那要怎么表达呢？请大家看看铅笔盒正面的图案，可以改为什么呢？""绘着一幅太空图！"讲到"虽然＿＿＿＿，可我还是喜欢你"这句，学生都知道铅笔盒不会说话，那么就仿写为"虽然不言不语"，又将"虽然"改为意思相近的词"尽管"……一步一步指导下来，卢睿已经在周记本上完成了他的诗。随后我又出示了《云》这首诗，举一反三继续仿写。这是一首采用了比喻修辞手法的短诗，我引导同学们直接改动其中的文字，很快就创作出了一首新诗。关于铅笔盒的诗，一下子就有两首了。

致铅笔盒

我喜欢你——

一身深蓝色的外衣

绘着一幅太空图

尽管不言不语

可我还是喜欢你

如果我到了你的世界
我就和你一起谈天
认识你的子民
……

铅笔盒

铅笔盒是
移动的百宝箱
装着尺子
装着橡皮
装着各种学习用具
沉甸甸的百宝箱
装着开发知识宝藏的神器
向着未来留下深刻的痕迹

我欣喜地看到,在重新教学的过程里,户睿两眼视线一直跟随着我的身影,老老实实地没有做小动作,我感受到了他的专注和用心。"现在会写了吗?""会了会了,这么简单!"户睿开心地回应道。

户睿的同学姜德说:"这手把手的教法,谁又能拒绝呢?"大概如此粗浅的教学方法似乎很微不足道,同学们初写的这些诗也很稚嫩,对于这班中学习基础参差不齐,学习能力和理解力也参差不齐的学生来说,目前最适合提升他们表达能力的方法就从仿写开始。教无定法,适合的就是最好的。但愿学生能真正投入到学习中来,"格外认真,也很积极",努力成为情商和智商都独一无二的最好的自己,做一朵适时盛开的向阳花。

"倒着写"的课文

今天午读课之前,我正在办公室里整理刚刚批改好了的作业本,许明同学就捧着课本走进来。他打开上午刚学过的课文《开国大典》,说:"老师,我有个问题弄不明白。""问。"我直截了当。"为什么课文要倒着写?"课文倒着写?怎么倒着写了?哪儿倒着写?我突然对这个学生的提问特别感兴趣。只见他说:"课文为什么先写'排山倒海的掌声',再写毛主席出场?难道不应该是人物先出场了才有掌声吗?"哦,原来是对这段话有疑问,真是个善于思考和敢于质疑的学生。《开国大典》课文中有这样一段话:"下午三点整,会场上爆发出一阵排山倒海的掌声,中华人民共和国中央人民政府主席毛泽东出现在主席台上,跟群众见面了。三十万人的目光一齐投向主席台……"是啊,为什么先写会场上响起了"排山倒海的掌声",再写毛主席出场"跟群众见面"?在各种场合中,"掌声欢迎""掌声有请"已成既定礼仪模式。品析课文时,从老师的角度看,这实在是可以被忽略的问题,课堂上我也没过多地细讲这个为什么要"倒着写"。学生许明的提问给了我惊喜,也给了我补充说明的机会。于是,我们再读这段话,落入原句本身又跳出原句的表层意思,从人民对新中国成立的喜悦、兴奋、激动以及对领袖的热爱和拥戴这些方面进行讨论和解疑。

对于这样的讨论和解答,许明同学很满意。接下来的课堂上,我把这件事在班上说开,对许明同学的主动探究精神给予了肯定和表扬,同时让许明同学作为解说发言人，带领同学们对课文进行了补充说明式的深入学习。爱思考、爱发问并就思考的问题愿意主动与他人进行交流探究，是我们具有学习内驱力的表现。如何激发学生思考探究的兴趣，使他们主动让脑子动起来探索有意义的问题，我们仍需多做思考、多下功夫，学生成长必将成就教师成长。

学生读老师写的文章

>"优秀的老师就是：自己有半桶水，却能给学生两桶水。"对此我深感共鸣，"青出于蓝而胜于蓝"便是我做老师的理想之一。如何让学生直观形象地理解"青出于蓝而胜于蓝"，我从展示自己的"下水"文章开始。

我要求同学们坚持每天写日记，从开学第一天写起，对日记内容和篇幅均不作硬性规定，喜怒哀乐或人、景、事、物均可入篇。高兴写时可以500字以上洋洋洒洒；倘若认为确实"没啥可写"，也可用一句话蜻蜓点水式留下痕迹。依靠个人自觉，总之就得有所记录——日日记日记，记录点点滴滴成长足迹。一个月之后的一天，我随机抽查了几本日记，很"悲哀"地发现我这美好的初心并没有呈现如期愿景，有的同学真的就只写了一句话，每天都只写一句话。据了解，这班学生中并没有写作文连一句话都写不出来的学生，学生之间只存在写作水平高低的差异。这是学习态度的问题，还是学习习惯的问题？是学习时间不充裕写不成，还是素材积累太少实在没什么可写，于是总以"今天天气很好"这样一句话直截了当地敷衍了事？理想很丰满，现实很骨感，我有些沮丧。

想起布置日记当天，我给同学们也算是给自己的鼓励："我们一起坚持写，大家每天写，老师也写。"心里不由嘀咕道：好吧，见证老师"厉害"的时候到了！第二天课堂上，我给大家展示了《"变形记"》，写的是我因杨小粤在运动场的早操队中没有戴口罩，而自己无法确认她是我自己班学生的滑稽心理变化过程。第三天，我又展示了《初见"许大书法家"》，这篇日记是9月3日在给同学们布置了第一篇作文《初见罗老师》那天有感而发的，从"帅气的青春痘""'老师，您为什么要'偷拍'我'""回眸一笑百媚生"三个小故事写出了我初见许明同学的印象。

对每一篇日记，我先请同学们朗读了两遍题目，从题目中的文字分析总结如何拟定一个好题目。再分自然段朗读，读一个自然段就分析选用何种写作方法来表达自己的真情实感，又用哪些描写方法或修辞手法形成了文章的独特风格。同学们一边读一边笑，我引导着大家各抒己见又条理清晰地表达出对文章如何进行"心理""语言""神态"等写法的见解，如何在表情达意上运用平实又贴切的语言，写出真正属于自己的、有独特个性的文章。充满欢声笑语的课堂总显得时间过得特别快，布置习作任务《又见罗老师》就成了下课前的馈赠。同学们欣然接受，经此一课，他们也感到作文其实没想象中那么难写。

"没什么好写""不知道怎么写""写什么呢"是学生在习作路上遇见的大难题，我要求同学们坚持写日记，就是解决"没什么好写"的法宝。阅读、分析、品味老师写的文章，则初步解决了"怎么写"的基本问题。欢乐且有意义的课堂中，品文与育人同步进行，于我而言，这是非常美妙的事。下一步，我还想要请同学们在我的文章中找毛病，以此初步教会大家如何辨别文章质量优劣，并将此法延伸至如何选择适合自己阅读的好书上来。

趣味竹节人

> "有一段时间,我们全都迷上了斗竹节人。""双手在抽屉里扯着线,嘴里念念有词,全神贯注,忘乎所以……"这是部编版六年级上册课文《竹节人》中的片段。在教学这一课之前,我特地从网上买了一套竹节人道具,准备在讲授新课时展示,让同学们更易于了解竹节人这种传统玩具的用材用料、构造以及制作过程,也便于新授课之后教会同学们玩竹节人,把玩竹节人游戏从课本搬到课堂,并且还要探索怎么样玩才能玩得更有趣味。在选择一个代表"战场"的桌板的时候,我犹豫了:到底用不用得着买呢?到底有没有必要买呢?这个价钱可是比竹节人贵多了!最后我想出了一个办法,那就是把两张课桌并排拼起来,两课桌拼接处的缝隙,不就可以真正代替"桌面上是一道道豁开的裂缝……这些裂缝正好用来玩竹节人"了吗?于是,桌板便没买。殊不知,我想到的这个"临阵法"竟不如我的学生们来得心灵手巧。从前,总是我对学生说"没有做不到,只有想不到"。现在,这句口头禅一反转,这可爱的学生们直接用实际行动告诉我"没有做不到,只有想不到"了。

课中,我们一起分析了竹节人玩具的做法、玩法之后,稍稍做了小拓展,那就是在竹节人玩具材料上,我建议同学们用吸管剪成一节节做竹节人的身体。"青出于蓝而胜于蓝。"这些学生用吸管剪成一节做成了竹节人的双腿、手臂、身躯,刘嘉同学还给她们组的竹节人套上了鞋子——两只小小的双黄连口服液的瓶盖子。他们用细线连接起各个部分,一个个竹节人栩栩如生,活灵活现。学生给竹节人做的配套的武器也突显了各人的特点,有用棉签做的,有用一根牙签做的,有的同学还用上了真正的毛笔。在竹节人真正"斗"起来的时候,他们开始有些小为难,"怎么找课桌的裂缝呀?"檬檬道出了苦恼。是啊,我们的课桌那么崭新,还是单人单桌呢!我告诉大家我的想法和建议,檬檬一下子就高兴了,大家也恍然大悟,立刻开始拼组课桌。檬檬和施明开始了"竹节人的斗舞"。在这时候,梁诚从抽屉里拿出个"庞然大物"——一个成人鞋盒子,只见那鞋盒子的上面正中被割开了一道真正的裂缝,其中一个角上还裁出了一个长方形的小口子,然后不紧不慢地取出了他的竹节人,开始了演练。曾溯在旁边看着有趣,便跟他"对战"起来,他们的课桌俨然成了一个叱咤风云的"古战场"。有些同学自己玩了一阵,觉得不过瘾,纷纷加入别人小组的"观战"队伍中,拍手跺脚,助威助阵,好不热闹。

这是语文课堂,是语文实践课堂。在学习课文的同时,我们挖掘教材本身所具备的核心因素,学生深入参与到体验式实践活动中,使我们收获了不一样的课堂教学实效,而做幸福的老师就从创设有意思的课堂开始。

诗教《白鹭》

《白鹭》是部编版小学语文五年级上册第一单元的首篇课文。文章以"白鹭是一首精巧的诗"为开头,以"白鹭实在是一首诗,一首韵在骨子里的散文诗"作结尾。在老师的引导下,学生对这样的结构已经很熟悉,懂得抓住中心句来找出文章的主旨内容,给文章划分了段落,也知道围绕关键句说出"课文是从哪些方面突出'白鹭是一首诗'的呢"。当课堂接近尾声,讲到白鹭的"美中不足"在于"不会唱歌"时,我们分析了"歌"与"散文诗"的区别与各自的独特,自是各有其美妙之处。从古诗词到现代诗,我引导学生理解了"诗"之美丽:从《乡村四月》《绝句》,到《中华少年》《白桦》《爸爸的鼾声》,"诗"在学生心中基本有了个大体的概念。于是我又引导学生朗读全文,从读开头、结尾,到抓住文章关键词句,我们一起把《白鹭》原文改编成了一首真正的诗:

白 鹭

是一首精巧的诗
色素的配合
身段的大小
一切都很适宜

那雪白的蓑毛

那全身流线型结构
那铁色的长喙
那青色的脚

在清水田里垂钓
在小树绝顶中望哨
在黄昏的空中低飞
不会唱歌也尽显美妙

白鹭
果真是一首诗
骨子里韵着美的
精巧散文诗

  文中洋洋洒洒将白鹭的外形美和生活美娓娓道来，本身就是一篇独特的优美散文诗。通过学习，学生的思维得到了开拓和发散。尽管改编后的"诗"仍保留着原文中的大多数文字，却让学生懂得了诗的基本结构与语言的精练要求，真正深刻理解了"白鹭实在是一首诗""是一首精巧的诗"。小小的改编，打开了语文课堂教学的新思路和新创意。以此类推，下一篇课文我们也许同样可以"以诗概之"。

老师回来了

> "哦耶！罗老师回来了！'长'达三天的出差终于结束了！""罗老师终于回来了，她与我们分别三日。俗话说：'一日三秋。'我们分别了三日，那就是九秋，也就是九年，我们真想您呀，就连晚上睡觉的时候，做梦都会梦到您给我们上课讲笑话的情形……"一场随机而来的主题班会课结束后，一页页原稿纸（学生日记）递到了我跟前，首句就让我感动不已。

出差培训学习三天后回到学校，我还未走进教室，透过教室走廊的玻璃窗，就被黑板上的简笔画所吸引。充满艺术感的"老师回来了"五个大字绘在黑板上，很有特点。大字的左方是一朵彩色的向阳花，"老师"二字下方的简笔画头像，那一条侧挂的辫子、似隐形的眼镜，不是我还能是谁？在黑板的右上方，画了一排手牵着手跳舞的火柴人，以及绽放的花朵和烟花。就连那个"回"字，也画得像面包店里的甜甜圈一样，让人一下子就能感受到学生在描绘这个字时的欢欣快乐。当我走进教室，欢呼声一下子就雀跃起来："罗老师回来了！""罗老师回来了！""罗老师！""罗老师！"……眼前这一切，让我感到无比意外，也让我格外感动。同学们围着我七嘴八舌说开了，说这几天我没在班上的见闻，也说这几天的课上得怎么样，其中最多的是说"罗老师，您离开的时间太久了"。

"三句不离本行。"做老师的，总是思不离教育，想不离学生。我当即又有了新点子：主题班会课马上进入课堂。说干就干，我们以"老师回来了"为主题，以同学现画的黑板画杰作作为背景，立即开展了一场关于师生情谊、自主学习情况汇报的主题班会活动。班会课在礼物颁发时刻进入高潮，在分享中结束。课后，很多同学以"老师回来了"或"期待"为题目写了日记，于是就出现了开头这一幕。"罗老师一进教室门，我就有一种想冲过去抱住她的感觉！我爱罗老师！""今天我们班的语文老师——'老罗'回来了，我非常开心。如果可以，我愿意一个星期都上她的课。几天前她出差了，我的心情那叫一个失落，总觉得少了什么。但不管怎么样，今天她回来了，她终于回来了！""人生应该时时充满期待。我期待罗老师不要离开，即使一分一秒。因为没有您，那份叫作'老罗的毒'就没有解药。""我看到了我的'老罗'，顿时心花怒放，很想扑上去狠狠地抱她一会儿……""老师，我想对您说：以后您要少一点出差，以免我们全班同学总受'相思'之苦。你出差的时候一定要照顾好自己……"（摘自学生日记）

关于教育的本质，各有说法和出处。我的幸福教育观是什么？那就是和学生在一起，不仅仅在课堂中，更是心灵的唤醒和相通融合。作家史铁生在著作中写道："那路途中的一切，有些（人）与我擦肩而过从此天各一方，有些便永久驻进我的心魂，雕琢我，塑造我，锤炼我，融入我而成为我。"这些学生已经用实际行动告诉我：我这个班主任已经融入了他们的梦想和灵魂，或者说他们早已融入了我并正在成为我，这是作为班主任行走在教育事业康庄大道上不可多得的小确幸。

老师是"妈妈"

这一节课，我们以男生课程为主题进行了一场特别的专题讲座。"今天，我是'妈妈'，不是你们的老师。"一进教室，我开门见山道。谁知，话音刚落，这群小小少年竟不约而同、齐声笑着喊道："妈妈！"高兴地笑成一片。令人意想不到的幸福感让我内心的感动油然而生。随即，我向大家道明了为什么今天老师不是老师而是"妈妈"，轻松导入男生课程《我是男生我骄傲》。我从我们怎么来、身体的变化以及男生青春期三个方面展开这一场专题讲座。刚开始，讲到我们怎么来的时候，学生饶有兴趣，也很快理解了课件显示的图片中两只小鸟的对话："孩子，你在找什么呀？""妈妈说我是从石头里蹦出来的，我找找石头里有没有孩子！"

当讲到身体的基本构造时，学生有些哗然。出现这种情况，正是我预料之中的情景，学生是第一次在公开场合谈论这个话题。根据了解，在此之前，学生的爸爸没跟他们讲过，十月怀胎艰辛孕育了他们生命的妈妈也没讲过。此时此刻，他们怎么会好意思聆听一个老师如此直截了当的讲述呢？站在一个心理健康教育辅导老师的角度，我为学生不能正视自己的身体而担忧。我稍作严肃状，说："刚刚说了，今天我是你们的妈妈，妈妈一定了解你的身体构造和成长过程中的变化。你们要长大，要成为真正的男子汉……"一连串引导学生正确认识自己身体、悦纳自己身体的发问，终于使学生不再嘻哈，做到了心平气和、专心致志地听课。这节课，我们的参与对象只有班里的男同学，女同学都由英语老师带去运动场进行实践活动了。

这节课，我们完成了教育目标，所有男同学都愉快地接受了，是成功的一节课。而女生课程，也将以同样的方式举行。

每一个成年人都经历过茫然青春期，而每一个小小男生也必定会长成一位顶天立地的男子汉，对自己身体在哪个阶段会发生哪样的变化了解得越早、越清楚，小小男生在成长过程中，就一定会少走弯路，也必定会少些迷茫和困扰，更自信也更稳健。"爱自己是终生浪漫的开始。"少年，加油！

语文老师的音乐课

严怡婷

"铃铃铃……"上课铃声响起,语文老师不知何时已经站在了教室门外。我们都以为语文老师又在巡查我们是否乖巧地等待上课老师的到来了,然而她却说她是我们这个学期的音乐老师!

只见老师轻轻地走上讲台,开口就唱道:"同学们好!"我们惊呆了,立即反应过来,接唱道:"您好,您好,罗老师您好!"我们真不敢相信,原来语文老师也会这样唱,还唱得这么好!原以为她会像平常一样说"上课"呢!更好玩的是老师教动物叫声的唱法。每当老师用"哆咪咪发唆"的曲调唱到"小猫怎么叫""小狗怎么叫"或"喵喵喵喵喵""汪汪汪汪汪"之类的调子时,我们总是情不自禁地哈哈大笑起来。因为老师唱得太孩子气、太有意思了,我们还没听过这么美妙又好笑的歌声呢!当老师教我们唱《清晨》这首歌:"清晨听到公鸡叫喔喔,推开窗门迎接晨曦到,鸟语花香春光好喔喔……"特别是"喔喔"两字,与其说是老师在唱,不如说是"公鸡"在叫好了,老师唱得真是太逼真啦!开始时我们不好意思跟着唱,渐渐地,我们都被老师的唱腔感染,大胆地放开喉咙唱起来了。谁知越唱越觉得有趣,越唱越起劲,教室里回荡着我们欢快的歌声,久久不息。

啊!这真是一节让人耳目一新的音乐课!罗老师,一个文质彬彬的语文老师,一个与众不同的音乐老师!

笑声哈哈哈

官智聪

我们班同学们的笑声无处不在，我们甚至还有属于自己的主打歌——《小苹果》，在欢乐无比的笑声中，我们一起走过了令人难忘的生日会、独一无二的"电影节"、别出心裁的"贝多芬"竞技场……让我们一同聆听笑声吧！

"哈哈哈——"语文课上笑声震天动地，到底发生了什么事？原来有位新同学"小罗"和新上任的"刘老师"出现在我们的视线里。为什么会变成这样呢？原来我们亲爱的罗老师和我的同桌刘欣同学相互"变形"了，这堂课一定很有趣。"刘老师"一上台，我们就控制不住笑场了。我们跟着"刘老师"学习词语的时候，"刘老师"让我们猜错字。"刘老师"在黑板上写了个少了一点的"既"。"刘老师"说："谁知道？举手回答。"我望了望，没多少人捧场。"刘老师"点了黄信回答。黄信指着黑板说："那少了一点。"大家都笑了起来，故意"刁难"黄信，质疑他是哪少了一点。"刘老师"指了指黑板，说："是这吗？""是。"黄信回答。于是"刘老师"把少一点的"既"改正成了正确的"既"，还夸了黄信"非常好"。我们投去无比羡慕的目光，在热烈的赞扬声中夹着开怀的"哈哈"笑声。

在这种"变形"中，我感觉刘欣很有老师范，而罗老师已俨然成了我们的同学。从此以后，不少同学就喊刘欣"刘老师"，而罗老师则成了"小罗同学"啦。

课堂的最美笑声

鲁海楠

笑声，的的确确是一个很美好的东西。就在一个个不经意的笑容中，产生了许多奇妙的东西。我们班里更是常常出现各种各样的笑声，可爱极了。

今天，罗老师教我们写作文。只见她拿了一篇作文放到投影机上与我们一起欣赏，我的目光立即被四个大大的英文字母——CCTV定住，好像再也移动不开了。"哈哈哈。"同学们跟我一样，马上笑成一片。我想：这不是中央电视台的标志吗？怎么会……接着，出现在我们眼前的竟是"由CCTV冠名播出的《我的座右铭》"！立即又笑倒一大片。阵阵欢笑声，那样甜美又疑惑重重：CCTV什么时候出了这个节目？我这个"中央电视迷"怎么一点儿都不知道呢？疑惑归疑惑，但出现在作文里，这样的创意，真是笑死我们了。我们向李光同学投去赞扬的目光，没想到他同样在狂笑中，或许他也被自己那"搞笑"作文里的才华惊到了吧？作文的最后再次强调着："谢谢收看CCTV冠名播出的《我的座右铭》。"这么有趣的结尾，无法控制地，全班同学又一次哈哈大笑起来。

每个人的一生中都不能缺少笑声。每天笑一笑，就一定会给我们生活带来精彩和美好，哪怕只是一瞬间。

特殊的语文课

李英

　　今天第一节是我们的语文课,可这一节课比较特殊,怎么特殊呢?请往下看吧!

　　老师让我们翻开练习册第67页。待所有的同学都按老师吩咐做好后,我们亲爱的罗老师却话锋一转,说起了数学题:"10只动物玩老鹰捉小鸡,捉走了3只小鸡,还剩几只小鸡?"我纳闷起来:这老师放着好好的语文课不上,怎么偏偏讲起数学题来?正当我还在为这个百思不得其解的时候,有同学已经脱口而出:"7只。"也有同学说:"6只",还有同学说:"5只。"答案各种各样,老师随机让一个女同学站起发表自己的见解。那女同学不假思索地答道:"去掉老鹰和母鸡,还要去掉3只小鸡,最后就剩5只啦!"老师笑着说:"嗯,有道理。"老师接着又问我们学过"比"没有,我们异口同声说"学过"。只见老师在黑板上写下1:2:3,让我们根据这个式子猜一个成语,还提醒我们是三年级就学过的。有位男同学站起来说:"举一反三。"老师说问:"二去哪里了?"男同学哑口无言,只好坐下。这时班长站了起来,说:"三心二意。"老师又说:"一呢?"班长不好意思地坐了下去。老师终于忍不住了,在黑板上写了个"接"字,可见我们还是茫然一片,又在黑板上写了"二"。我们立刻恍然大悟,原来是"接二连三"呀!我真没想到，原本数学老师才会讲到的数字里竟然隐藏着这么多奥秘。更没想到，一个实实在在的语文老师竟然也能将这些数字讲得这么神采飞扬，实在是太不可思议了！

这个课堂的特殊，就特殊在语文老师讲了数学。这是一节与众不同的语文课，一节别开生面的作文课。

第一次懂得

刘欣雨

有些小小的事情，竟会让人难以忘怀，并且时时萦绕于心。你也许能从中不断地得到启示，悟出一些人生的哲理。

记得六年级第一学期的一天，在六（2）班的教室里，罗老师给我们进行了一场特殊的考试。罗老师说："同学们，这次测试只有三分钟时间，得到一分就有奖励哦，请认真读题。"听完罗老师的话，我大吃一惊，心里嘀咕着：这次考试也太奇怪了，以前九十分钟的时间让我们做题，现在竟只有三分钟，而且只要得到一分就有奖励，得一分有什么难的？哼！老师葫芦里卖的什么药？不会是个"圈套"吧？考试开始了，试卷发到我手上，我就开始奋笔疾书。但不知不觉间，五分钟就过去了。哎，真是"时到用时方恨少"啊，时间怎么过得那么快呢？我试卷的另一面一个字还没写上呢，老师已经开始批改试卷了。终于，老师改好了所有试卷。她把试卷一张张投影出来。一张又一张的试卷从我眼前飞过。我目不转睛地，生怕错过了什么。"妈呀，怎么都是零分？我不至于也零分吧？明明大家都答了不少，不可能全错了吧？"终于，"刘欣雨"三个字出现在我眼前，怎么才二十分？当投影到最后一份试卷，老师笑着问："看到自己这样的分数，是不是都大吃一惊？谁来说说是什么原因呢？"班长举着手站起来说："试卷的第十三题写了只有三道题才算分，并且算十倍的分，其他做了都不算分。"我们立刻恍然大悟：原来是这样！我没把老师一遍又一遍的提醒放在心上，没认真读题，真是既羞愧又悔恨呀！

　　这件事已经过去很久了，我却懂得一个看似简单却又使人终身受益的道理：无论做什么事，都应该用心、专注地对待。

这样一个小教训

邱意朗

在我记忆的宇宙中,有许多明亮的星星,它们大多数已经被时间的黑洞无情地吞噬,但有一颗星星一直坚定地挂在那儿,因为那是一次深刻的教训之星。

六年级开学第一天,天气好得很,万里无云。老师一到教室就说要进行一次特殊的考试,可是我们连一篇新课文都还没开始学呢!这不,我们犹如刚刚烧开的沸水一样沸腾起来:"什么?现在考试?""怎么可能!什么都还没学呢!""怎么考啊?"我想:不就是个考试嘛,有什么特殊可言?上到六年级,我可是"久经沙场"的考试老手啦!

老师宣布了考试要求后,我们再次如同炸了毛的麻雀一样,叽叽喳喳讨论开了:"时间也太短了吧?才五分钟!""为什么要强调'仔细看题'?""嗯,这会有什么玄机吗?""得一分就有奖励?不可能!"

正当我们得意忘形的时候,考试开始了。试卷一发到手上,我就傻眼了:这试题竟然包含了语文、数学、英语三个科目的内容。再看看旁边的同学,已经开始"沙沙沙"地狂写起来了,似乎完全顾不上"仔细看题"这个考试要求了。当我正在快速做题,不经意间竟瞄到令人不可思议的一幕:老师看着我们,嘴角居然露出一丝丝不易察觉的微笑!尽管这只是不经意所见,但我立刻意识到这或许就是"另藏玄机"？于是，我迅速把整张试卷默读一遍，当我读到第十大题的时候，发现只要做其中一些题，分数以二十倍算。我赶紧瞟了这两道大题，又发现题都特别简单。我乐了，心里那一块沉甸甸的大石头总算落到了地上。再看看周围的同学，他们都还在拼命地奋笔疾书呢！那绞尽脑汁的样子，估计脑细胞都快不够用了。

收卷了，老师飞快地改着试卷。试卷改好了，老师将分数一一投影出来，这下同学们都泄气了。只见试卷上一个个鲜红的"0"简直像个血盆大口，嘲笑着我们的自大和骄傲。当老师把试卷投影到第十大题，让我们读答题要求并说明原因的时候，我们终于恍然大悟！

通过这次考试，我得到了一个教训：无论多么简单的考试都不能掉以轻心，一定要先听好指令，看清楚要求再动笔，磨刀不误砍柴工。这个非同一般的教训，就是我记忆宇宙中永不被吞噬、永不会黯淡的那颗星。

收 获

计欣言

　　那是一个阳光明媚的下午，我刚成为一名六年级的"大学生"不久。语文老师给我们来了一次考试，一场不同凡响的考试。我腹诽：我考过这么多次试，大到期末测试，小到随堂测试，这场"特殊"考试能难倒我吗？老师先出示了考试要求，随后就把考试卷发下来了。这场考试的时间为三分钟，并且得一分者均有奖励。满分100分的试卷，取得一分岂不是易如反掌？一拿到试卷，我埋头就写，什么考试要求，我早已忘得一干二净了。时间如流水般飞逝，短短的三分钟很快就到了。交了卷，班里立刻沸腾起来，都在讨论试卷的内容，终于一位同学忍不住揭开了老师与这张试卷的"真面目"。原来，在这张试卷的背后有一个温馨提示：指定要做的题目做了才有分数。出题人大概料定我们会被考试的时间所迷惑，不会去认真看题。老师把批改好的卷子一张一张展示出来，只见试卷上一个又一个的"大鸭蛋"从我眼前飞过。我的心简直像打翻了五味瓶，不是滋味。

　　人们都说，一位好老师的情怀可以让他的学生终身受用。我感谢这位老师，她用了这样的方法让我得到了教训，收获了启示。

老师教写作文

周先均

  明明都是老师，为什么这位罗老师不一样呢？
  罗老师教作文很有意思，即使同样是仿写，她也与众不同。她教我们写作文，并没有念出一篇现成的作文稿或投影出一篇谁的文章让我们读，也没有让我们依照着写或者让我们自己直接找出同步作文抄写一篇。罗老师布置我们写的第一篇作文是写一个人。她说："谁也不能写别人，这篇作文的主角只能写我，写我和你们！"全班哗然，别的老师都不允许自己的学生写自己，只能写其他科任老师，而大多数同学就写数学老师或英语老师，这罗老师竟只准同学写她自己，这不是挖了个"大坑"让我们一起跳吗？只见她微微一笑："一千个读者就有一千个哈姆雷特！"就"打发"了我们，随即她又说道，"五十个同学就有五十个罗老师。"
  罗老师教我们写作文开头和结尾的方法，竟是那样简单，让我们一学就懂，还能举一反三。她请我们打开课本第六课找到课文第一句话："骆驼队来了，停在我家门前。"于是我们学会了开头："罗老师来了，站在我们的教室里。""罗老师来了，笑眯眯地看着我们。""我们的老相识来了，迈着轻快的步子——嗨，罗老师！"她又请我们找到第一课第一句话："这次，我看到了草原。"于是我们又懂了："这次，我们看到了罗老师。""这次，我们又见到了罗老师。她是那么优雅,又是那么大方。"

　　大概每一个小学生都最害怕写作文,我也不例外。但这次,我居然不怕写作文了。这样一位老师,怎么就与众不同了呢?恍惚之间,我仿佛明白了教作文的罗老师。

老师教学诗词

虞桂香

  我们班来了一位语文老师。她既没有滔滔不绝地自我介绍,也没有严肃地制定班规,她用她的幽默让我们一下子就喜欢上了这个与众不同的老师,喜欢上了她的课。

  一开学,她就直接给我们讲《古诗词三首》。别班的老师和同学新学期学课文,几乎都从第一课开始学起,而罗老师竟先从第五课的古诗词讲起。这还不算,她还颠倒了三首诗词的教学顺序,教了第三首《清平乐》之后才教第一首《牧童》,这真是不按照常理出牌呀!她教我们读古诗,方法也很独特。她不让我们大声喊,她说我们喊起诗来不伦不类,失去了诗的意境。但她又不允许我们读得太小声,她说读得太小声,诗的美妙就全消失了。她教我们划分节奏读,后来又用重复句尾词的方式读和重复句中词语的方式读,她还教我们唱诗,教我们吟诵。从《牧童》到《舟过安仁》再到《清平乐》,诗是这么教的,词也是这么教的。她说,我们学习的是学习方法,要做到举一反三。当老师请我们用自己喜欢的背诵方式背诵《古诗词三首》的时候,我一下子就背诵出来了。她讲到《牧童》中"亡(wú)赖"的时候,把这个词的古意和现代意义贯通来讲,逗得我们都哈哈大笑,在笑声中一下子就记住了这个词。

  她不仅仅教我们读诗词,还教我们唱诗词。在此之前,谁也没有遇到过这样教我们唱诗的老师,这太有趣了。"茅檐低小,溪上青青草。醉里吴音相媚好,白发谁家翁媪?"听着听着,我知道老师唱的是《采蘑菇的小姑娘》的曲子。我们跟着老师唱,不一会儿就学会了。这真是一个牢记诗词的好方法,也是一个有意思的、适合我们背诵诗词的好方法。

我们的语文老师,与众不同的老师,美丽优雅的老师!

老师教写诗歌

姜德豪

明都是我们学校的老师，为什么这位老师与众不同呢？只见她站在讲台上，神采飞扬地给我们朗读着这些诗歌。

今天，老师教我们学写诗歌，她给我们展示了一个主题："与诗同行"。她投影出来的第一篇范文是《致老鼠》。致老鼠？我一看这题目，忍不住自己偷笑，这是给老鼠写信吗？给老鼠写信会说些什么内容呢？老师一步步引导我们赏析这首可爱的儿童诗。她绘声绘色地讲道，如果作者到了老鼠的王国，就要教会老鼠一些日常好行为，要它们改掉一些毛病，还要给它们介绍个朋友，那就是猫。经过老师这样讲解，我感到这首诗真是太有意思了，原来诗是可以这么美好的呀！

老师说："写儿童诗可以运用适当的修辞手法，要敢于想象，大胆地去想，把合理想象到的事物写进诗里。现在让我们把这些诗有感情地朗读一遍，把诗中的情感表达出来。"鸟儿在窗外叽叽喳喳叫，好像也在朗读着诗。大树一摇一摆，仿佛也正在享受着同学们美妙的朗读声。老师即兴创作了一首诗让我们模仿：《致铅笔盒》。只见她拿起小户的铅笔盒，引导着我们道："深蓝色的外衣，嵌着一幅太空图……"

到了自由创作时间啦！同学们纷纷开始了自己的创作之旅，每一个人都很专注，平时不会写作文的同学也专心致志地写起来，老师这种手把手的教学方式谁又能拒绝呢？所有人都沉浸在自己的想象里，仿佛我们都不是在写诗，而是在自己的梦中游玩。

这就是老师教我写诗的美好经历，为什么如此与众不同？我想，你已经知道了我们的答案。

下篇 我与学生

带班，有真趣

在鸡毛蒜皮里感受深爱

一个星期五早读课的课间,我正在办公室欣赏着学生的美文《给老师的一封信》。一直在班上自诩为"我是帅哥"的小姑娘周小烨走到我身旁,附着我耳根"直奔主题"轻声说:"老师,我可以亲你脸颊一下吗?"我当下一惊!任教二十多年,此刻此时,我还是第一次遇到这样的"大事"!我几乎下意识地想要马上拒绝,但一瞬间后,理智告诉我这不可拒绝。我说,很愉快地说:"好啊!"于是一个小小女孩温温软软的双唇既轻且快地碰了我左脸颊后,留下一句"谢谢"就向着办公室门外,骄傲地走了,看得我办公室的同事们目瞪口呆。望着她离开办公室的背影,我突然嗅到了办公室门外有"王浩们"那群"导弹"的"芳香"!他们是不是又和周小烨扛上了?此刻就在门外正准备看周小烨的笑话呢?却没想到周小烨"成功"了吧?后续他们怎么跟周小烨"收摊"呢?看来,这些孩子之间的"较量",又将成就一节主题微班会课了。

很快,第二节上课铃声响起来了。迈进教室,自然环视一周后,我特意在班上说了关于周小烨刚刚发生的这件事,并在黑板上写下"亲"和"轻",我很开心地说:"这一天我收到了最好的礼物,我要谢谢小烨给了我在我职业路上最好的礼物,让我知道她爱我多深。"说我应该是第一个被学生亲脸颊的老师,这份无上的荣光让我感动一辈子,也必将难忘一辈子;此外更要祝贺小烨是第一个敢给老师送出"亲"的学生,就像女儿对待她亲爱的老妈一样!为她的勇敢点个大大的赞!"难道不应该值得祝贺吗?我们班'史'上第一'牛'人哦!"我这话音刚落,瞬间，小烨便被持续的掌声完全包围了，而周小烨反倒不好意思地低下头了——实际上，这个懂事的女孩儿自豪着呢！再看那原本想让周小烨挑战的"王浩们"，此时双手竟拍得最起劲，掌声最热烈。此前可能被等着看笑话的恶作剧，反转间成了充满正能量的电视剧，一个被捉弄的对象摇身一变，成了羡煞众人的故事主角！这老师，就是不按常理出牌啊！哈哈哈……就像写作文，给作文起题目，千交代万吩咐：不要再写班主任不要再写语文老师了，这个班主任这个语文老师已经被同学们描述得太多，没啥新意了。但话虽然这么说，每一次作文收上来一批改，孩子们依然"顽性不改"，依然写班主任，依然写语文老师，而小学作文，基本也是离不开这些人和事。幸好，每一次写班主任、写语文老师的作文内容，都已经按每一次习作的新要求有了更进一步的改进，内涵也有了进一步的升华；孩子们习作中叙述的，不再是旧事，是新鲜事，在这新鲜事上，又深化了各种角度的思考——在每一件看似鸡毛蒜皮的小事中，彰显深爱和真情，写出了小事背后蕴涵的大启示或大感悟。这倒还算有几分抵得上"可以不跟他们计较"的砝码……

周小烨这事之后两天，有一个上午上完语文课后，我没在教室多逗留，直接回到办公室批改作业去了。林安和李小英轻轻走到正在办公桌前的我的跟前，拿出一个什么东西在我眼前一晃，说："老师！"我一抬头，"啊"，突如其来一条软软的"蛇"，吓得我整个人跳了起来，连声尖叫。"可恼"这两个小姑娘见我如此狼狈，已经笑得直不起身来。我定睛一看，哦，是一条玩具蛇，这也太逼真了！这老师又糗大了，竟被这两个小姑娘的小玩具惊吓得容颜大失——原来这玩具是王小翔同学在前一个周五送给聂小超的生日礼物。她们俩是被聂小超同学恶作剧过一次吓坏了，后来见多了就不害怕这条"小蛇"，还从他那借来这条小玩具蛇，也来逗逗在他们眼中"神出鬼没、无所不能"的班主任老师了。结果很令她们满意，她们成功了。这两个小女孩也很懂事，见我被吓坏，都赶紧来安慰我，说："老师，不怕不怕，有我们在这儿呢！"好像这"肇事者"根本不是她们，这"惊吓之事"跟她们一点儿关系都没似的。嘿，我这些可爱的学生们。

有一天，"强人"李光同学说："老师，你好自恋哦！"（是的，他是用"你"称呼，而不是"您"；这是我们师生关系极度融洽的具体体现。）"我自恋因为我有自恋的资本呀。你呢？也可以啊，你的本事呢？"孩子们面面相觑，无话可说。因为李光和他的同学都听懂了这老师的言下之意：大家得好好上课好好学习，得有一技之长呀！

几个星期前，"小凳子"邓思同学就一直问了许多次："老师，这个星期六有空吗？"每一个星期五下午离开学校之前都自然来问一次。待得到否定回答后，又问："那你什么时候才有空？"她那么着急，那么渴望——她要表达的是老师啥时候才到她家去做客（家访）呢！她得写"邀请函"。陈佳也抱着同样的愿望——那您哪个星期六日有空？我们到您家！（孩子们别着急，一切安排都在"另类的欢乐来袭"中呢！）孩子们的美好愿望，我们没有理由不助力实现，这些细微处、这些鸡毛蒜皮里，处处都让我们常常感受到师生之间的真诚和师生友爱。师生之间有真情，有深爱，这是教育路上的繁花绽放。

老师给你剪指甲

❝幸福的家庭都相似，不幸的家庭却各有各的不幸。"套用这句名言，学生和学生，每一个个体都是各有个性、各不相同的。学生和老师之间，学生给予老师的情感深浅度可能也是不一样的。这个名叫宋静的学生，仿佛这个班与她毫不相干，或者她与这个班毫无关系。她基本不与同学交流，常常坐在自己的位置上安静地注视着周围的一切，默默地看着身边同学或走动、或谈笑，偶尔也会随着同学的欢笑而无声地嘴角上扬，但大多数时候总是沉浸在自己的世界里，那是一个同学们都不知道的、无法探究的世界。大概因为她在班里过于安静，与同学之间过于疏远，当我置身于教室的时候，总感到她有那么一些格格不入。宋静同学引起了我的注意，可只要她一发觉我在注意她时，她又马上无声一笑，转移了原本也看着我的视线，不好意思与我对视。

由于学校其他工作的安排，我在宋静这个班里每天只安排了一节课，在完成教学任务之余，我并不常出现在这个班级里。但我深深感受到：只要我到了班里，学生就很高兴，也很期待。我也乐于尽量多地跟学生一起。九月的天气总是特别好。有一次放学了，我经过教室，看见宋静还在教室里磨蹭着没离开。"嗨，宋静！"我朝着教室里的她招呼道。这次，她没有一见我就跑开，腼腆一笑，继续磨蹭去了。我很高兴，立刻走进教室与她面对面闲聊起来。我想，相处一个月，想尽各种办法都没有打开她心门，也许此时此刻就是我可以"攻克"的好契机。我瞟了眼她修长的手指，赞美道："宋静，你的手指好漂亮哦！那么修长，那么白净。"

眉宇之间自然而然全是笑意。她大概从这笑意中感受到了关爱和亲切，没有了开始的冷淡。我很高兴她有此神情，这说明我们师生之间的对话有机会进行下去了。她看着我的脸，冷不丁冒出来了一句："老师，您的脸也好光滑、好柔和呀！"顿了顿，她接着说："老师，您是不是才35岁？我妈妈就35岁。"她说起了她妈妈，说她还有两个妹妹。突然感到我们之间的距离又近了那么一步，她的话匣子就这么打开了。

我让她把双手伸出来，试着说："宋静，你这双手是真的漂亮，只是这指甲太长了，与这双手不太协调哦！"见她不吱声，我继续建议道："我给你剪指甲吧！我带了指甲钳哦，好吗？"感觉她乐于接受我的建议，在我之前，她还没遇到过给学生剪指甲的老师呢！正当我给她剪着指甲的，无意之中吸引了几个从教室走廊经过的、平时也不太与宋静交往的同学，"呼啦"一声，全都围到我们跟前来了，"哇，老师您给宋静剪指甲！"七嘴八舌说开了，无不觉得新奇，也很羡慕。宋静，此时此刻正如她的名字一样，静静地享受着同学们的羡慕之声，也享受着老师这非同一般的耐心服务。

"老师给学生剪指甲"，这样一个情景一定会在学生心中，特别是在宋静心里留下一些印记。剪指甲这件小事之后，宋静与老师更加亲近，她与课堂、与同学也越来越融洽。我总是默默地反思：当我是一位老师，当我是一位班主任，要用什么样的方式方法才能在最短的时间有效进入学生心灵，才能最完美地形成师生之间默契的良好关系？"记住一个人的方式是感受。"我推崇这样一句话，做一个让学生感到温暖有爱的老师，得先做一个让学生悦纳的老师。在以后的岁月里，在我们的课堂上，"温暖"要越发展现得淋漓尽致。

老师邀你合影

2022年9月,我们新学校迎来了第一批就读五年级的学生,这也将会是我们学校创办以来的第一届毕业生。我们心里充满了期待,也充满了对未来美好的向往,师生缘分真是很美妙的呀!

因疫情停课两周后返校上课的一个星期五下午,我邀请了我们五(2)班严晨、温晓、杨欣和钟贻四位女生,让她们将一捆50本的书,从一楼储物室抬到五楼办公室来。当下已经很少走楼梯的孩子,一来到五楼就早已经气喘吁吁,个个都嚷着:"累死了!累死了!"实在看不见她们因得到体质锻炼而开心的样子。我站在楼梯口旁边,打趣道:"'死了'?你们别吓着老师啊!""难道很不乐意做这力气活?埋怨老师了?"这四女生开怀地笑了,女生特有的爽朗的笑声,让我也被她们深深感染。"就是好累啊,老师!""五楼耶!""是哦,五楼耶!又没有电梯!"孩子就是孩子!心里不藏事,嘴上无遮掩,在我这老师面前,就像在跟她们亲爱的妈妈撒个娇一样自然而然。即使是面对才相处了几天的新老师,一点儿也不感到拘谨或不好意思,倒像是早就认识了好几年的老朋友一样,叽叽喳喳表达着自己的心声。

当孩子们把这摞书按要求摆放之后,我又请她们把原本放在办公室里的其他物品一一成袋装好、摆放好,把办公室收拾得妥妥帖帖。我说:"谢谢你们为学校做好了这些小事,你们是班上第一群上到学校五楼来的学生哦,很值得我们合影纪念!""是哦,是哦,老师,那就让我们一起照个相吧!好吗?""好吗?好吗?

老师？"于是大家排排坐，我给她们照了张相片，又让她们与我一起合了个影。"耶！我们是第一个与老师合影的学生耶！""我们也是第一批到老师五楼办公室的学生！"话语中带着那么强烈的自豪感，脸上洋溢着喜悦的笑容，这纯真质朴的孩子们。从前有个学生在集体生日庆祝会上说道："生活要有仪式感。"是的，很深以为然，尽管这是一句当下网络很流行的话，孩子也受其启发，发自内心的感叹，也必将是热爱生活的。今天，这四个小女生，第一次如此近距离与她们的老师同在一起，师生之间的物理距离没有课桌的隔断，纪念第一次，确实应该有一种小小仪式感。咔嚓，咔嚓，于是照相机（手机）完成了它呈现仪式感的使命。

名字叫"都可以"

  对于班里的学生,如何培养他们,培养他们成为什么样的人,我的基本理念就是要让班里的每一个学生都成为班级明星,并且以"明星"要求来培养和成就。在这样的理念引领下,学生眼中才能有自己,也才能有他人。于是开学相见第一天,我们就从姓名说起,让每一个学生都重视起自己的姓名。关于第一天让学生作自我介绍的事,有个叫李银的学生在作文《第一次遇见罗老师》中写道:

  罗老师让我们一一介绍自己,好让她快速记住我们。轮到辜重的时候,老师问他:"你姓名里那个字是读chóng还是读zhòng呢?"辜重好像想也没有想,马上回答说:"都可以"。老师恍然大悟的样子,惊讶地说道:"原来你的名字叫'都可以'呀。"一句话,逗得全班同学哈哈大笑,就连"受害人"都笑着解释:"我小名叫chóng,大名叫zhòng。"等他刚一说完,老师接着说:"哦,原来是这样,但你现在是六年级的'大学生'了,就叫大名吧!"从此以后,老师就一直叫他辜zhòng了。

  在学习《詹天佑》这篇课文的时候,我们的小翔成了王子,也成了詹天佑开凿的"居庸关",那是一座岩层厚山势高的山——另两位同学则成了"开凿"这座"居庸关"大山的"工人"——每人拿了一把钻山工具向着他胖胖的身子(山)钻。而这两把工具,不过是两根洁白的小刷子而已,这些小事情,也许微不足道,也有些调侃的意思,可是在我们看来却是乐于接受的。正因为这有趣的课堂,我们一下子就感受到老师的亲和，也感受到了学习的乐趣，在这些略显天真的课堂里，我们对语文学习就更充满了期待，喜欢上了这样的课堂。

　　语文课上让学生作自我介绍，就是围绕"明星效应"来进行语文习作训练，同时也将人际交往的德育理论渗透其中。第一次接触新一届的学生，如何使师生之间的关系快速达成融洽与和谐，如何在课堂里真正激发学生学习的兴趣，教师幽默语言的表达、课堂教学氛围的形成与师生互动情景的创建是值得我们思考的课题。

"小凳子"

9月30日傍晚，由于正值国庆假期前夕，放学后的校园比往常更迅速安静下来。我还在整理办公室一些事务，并没有按时下班离校。

当我不经意抬起头，只见两个额头光溜溜的脑袋从办公室门外探进来。"张凤！"我知道这是2015届小学毕业的。这个女孩子变化不大，让我可以脱口喊出她的姓名。他们班几乎每一个周末都会有同学回小学母校来看看我，不约而同却又心照不宣。张凤很开心地笑了，她为老师"仍然记得她"而开心。我转向另一个孩子，故意对她问道："这是谁呀？一下子还真想不起来呢。"她也不恼，笑着说："你猜猜。"这个邓凡，大概也只有她才会让我"猜猜我是谁"了。她长高了，也更标致了。我假装在脑海里搜索了一阵，"这不就是'不平凡'的'小凳子'嘛！""哈哈哈……老师还记得我！"这个可爱的小女生开怀道。

她曾自我命名"不平凡"或"小凳子"。那时还在六（2）班，我刚担任了他们六年级这一年的班主任，我们仍处在严格"师生"定义上的时候。那一年元旦前一天的课间，她拉着李银有些扭捏地来到我办公桌前，放下两个橙子，笑着说："也是'小凳子'哦！"然后就跑开了。只见那两个黄澄澄的橙子表皮上分别用钩线笔画了个可爱的笑脸，又粗粗地勾出了"节日快乐"几个字。我把橙子握在手上转过来，这个署名让我不禁哑然又会心一笑。因为"不平凡"这三个字，我给她回了一封短短的信，或者是因为她让我看见了自己：一个个儿不高，各方面也不太出众，那个曾经年少羞涩的自己。

师生相处近一学年后，学生已经越来越敢于表达自己，也越来越有意思，这个"小凳子"也丝毫不例外。到了第二学期，端午节之前，当她的同班同学都以"花儿"为主题表达爱师之情，这个"不平凡"借以传递爱的是一个小粽子。这倒不是重点，重点在于她同时传来的小纸条上。那小纸条上面除了写有简短的祝福语，震惊我的是她把我姓氏——那个小小的"罗"字画成了一只猫咪的样子，惟妙惟肖，逼真可爱。乍看是一个"罗"字，细赏是一只猫。瞬间，触动了我心底那根最柔软的弦，这真是一个细腻的小女生。

当"小凳子"成为中学生一个月之后，在十月份的一个星期五下午五点半左右，当我走到办公室门前，看见这个小姑娘正站在门侧拿着张纸垫在墙上写着什么。听见脚步声，她扭头一见是我，眼泪便哗哗直流。这是什么情况？起初我吓了一跳，成为中学生才一个月呢，受了什么委屈吗？我搂着她的肩膀进了办公室，同时忙问她怎么了。她只是摇摇头，居然流着泪笑了。"我只是太想你了！"她说。我从未想过一个小女孩竟然情深至此，这还是从前把我的姓氏画成一只小猫咪的小女生吗？原来，她来到办公室见不到我，以为我又离开学校了，便想写个便条放我桌上。没想到写着写着我回来了，便出现了开头这一幕情景。从此以后，除非因公事不在办公室，每个周五傍晚我总是不知不觉在办公室多停留一些时间。有时候整理办公室，有时候批改作业或备备下一周的课，一直等到夜幕降临才离开。

记住一个人，最好的方式是感受，师生也是如此。

温暖是你

这是一个比较腼腆的男孩，六（2）班的毕业生，他叫小昊。在他小学阶段最后一年的学习生涯中，我们在六（2）班相遇了。他是个学习主动的学生，一个比较沉得住气的学生，学习习惯是不需要老师和家长多操心的。平常校园学习和生活中，在班级活动甚至在课间里，他更多是属于被动交流式的，话不多，不爱表现，更不张扬自己的个性。最终触动进而感动我的是，已经小学毕业很多年时间了，他依然表达着他对我这样一个平凡小学老师的情谊——每一年，每一个节日，无论是传统节日还是民俗节日，我总能第一时间接收到他发来的节日问候和祝福的信息，从来没有哪一年落下过。那一刻，我突然惊觉，我在这班学生身上浇灌的感恩教育之花，并没有随他们的毕业而凋谢，这让我心潮起伏，思潮澎湃！

回忆起有一次，学校组织高年级学生到操场上观摩消防演练。学生都坐在大榕树下的台阶上，承担着演练任务的消防员则在篮球场正中的位置，在烈日下给学生讲解和演示着安全消防。学生都自带了饮用水，学校也给消防员们准备了几瓶矿泉水，放在他附近，但并没拧开盖子。大概半小时后，我发现消防员并没喝一口水，便让坐在最前排的小昊去把矿泉水瓶拧开，交给那个演练的消防员。开始，小昊可能感觉不好意思，不太敢去完成这事。众目睽睽，他本来就有些腼腆。我鼓励了他一番，他才勇敢地走向篮球场上烈日下声音已有些嘶哑的消防员叔叔。

因为这一个学生诚挚如此，使我做班主任的职业幸福感更深一层。做个普通的幸福人，灵魂是自由的，思考是独立的，活得真实一些，也真诚一些，我们一起共勉。

拥抱电线杆的女生

　　学生说我是一位淘气的老师，有文为证。

　　邓丽和刘雅这两个女孩子是学校的值日学生。星期二一大早，她们俩就站在学校大门做值日。做完值日，还没到上课铃声响，她们就像往常一样站在学校门口多逗留了一会儿，可是站着站着，可爱的邓丽就不知怎么地"滑"到了学校大门右边不远处的电线杆旁，极其自然地伸出双臂紧紧地搂着电线杆。难道贪玩确实是每一个孩子的天性？还是她觉得这电线杆太好玩呢？这个平时斯斯文文的小女生，只见她搂着电线杆在原地转起了圈圈，还"咯咯咯"笑起来，好沉醉的享受呀。我站在远处，什么也没说，一直笑眯眯地看着她。刘雅同学早已发现我在教室前的走廊看着这一幕，有些不知所措，好像为邓丽感到尴尬似的。她望了望我，一副想笑却不敢笑又不好明言告诉邓丽"老师看着你"的样子。这两个孩子，真是有趣的小女生。

　　当我们不约而同回到教室，我看了一眼邓丽，她一如既往眯眯笑，这是一个乐天派的学生。我回忆刚才一幕，感到这学生太有趣了，跟平时表现出来的文文静静大相径庭。我忍不住想要分享我的感受，这是我一贯的做法，主要是用这样的方式告诉学生"生活就是写作的源泉"，只要我们细心观察和发现、用心体会和感悟，习作素材就在我们身边。学生对我不定时的分享已经习以为常，这大概也是师生之间融洽相处的根本原因之一。我故作惊讶道："我真是长见识了，第一次看见一个小姑娘拥抱电线杆。这么美和爱干净的小姑娘，抱就抱吧，还转呀转个不停。转就转吧,偏偏还在两个大垃圾桶旁边……"还没等我接着说"这真是太有趣了",学生就已经笑得快要趴在桌子上了!

邓丽也忍不住跟着大家一起笑,这是一个开朗、爱笑的女生。这时她大声说:"罗老师,您太淘气了呀!"声音响亮却毫无质问,也毫无愠色。是的,就是为了引她说这样的话。我话锋一转,意味深长地说:"生活五彩缤纷,你们终究会长大,不管何时何地,都要保持我们最质朴的童心。谢谢你,邓丽,今天你让我感受到了真正的天真无邪!"我再一次向她表达谢意。后来有一次写到关于表现人物性格特点的作文,邓丽就把这件事写到她文章里了。结尾处她写道:"就是这样一位淘气可爱的老师,像孩子一样的老师,让我们折服,也让我们敬佩。所以,一看见罗老师,我总是忍不住高兴地笑……"

生活是个万花筒,孩子们终究得长大,在以后的求学生涯或人生道路上一定会碰上各种各样无法预料的境遇,也一定会在难以抉择的境况中做出正确的抉择。在驾着生活的小船驶向人生风浪的旅途中,愿我们每一个人都保持一颗纯洁善良的童心。

"乐先生"

    ❝ 乐先生"原本是一家餐饮店店名，其中的美食——比萨特别有名。这里的"乐先生"与名叫潘乐的学生有关。关于他与"乐先生"的故事有点儿意思。

    有一天早读课，按照课堂学习要求，我布置学生大声朗读第八课课文，还要把课文最后一个自然段背诵出来。同学们都迅速读开了。我发现坐在第二排的潘乐和他前一排的同学正眉飞色舞地聊着什么，说到兴奋处，竟手舞足蹈起来。看来，一节课都规规矩矩地坐着学习、读书，潘乐同学还真没有这样的耐性。他一定认为我不知道他有没有读课文。他不知道的是，此时此刻，一个身影已经悄悄地出现在他身后——罗老师就在这儿呢。前排的两位同学先发现了我，马上捧起课本读了起来。我们在班里共同商定过，每一个人都得为自己的行为负责，这"特殊的礼物"就是为自己行为付出代价的体现。再看看这潘乐，他不再说话，可也没有想要练习背诵课文的意思。于是我目不转睛盯着他，他也盯着我……有好几次，他都以为我只盯他一下子就会移走目光了。然而他想错了，我一直盯着他，直到他实在感到不好意思，自己先低下头，捧起课本用心地读了起来。

    又有一天课堂上，潘乐没好好听讲，还影响了他周围的同学认真听课。我提醒了他好几次，他依然我行我素。我尽量显得不恼不怒，面向全班同学，那话却对他说："你想做'乐先生'了吗？"谁知他一副茫茫然的样子，反问老师："什么？""你不知道'乐先生'吗？潘乐。"他仍感愕然。于是我介绍说"乐先生"

是一家餐饮店，其中的美食比萨最出名。听我这么一说，潘乐突然就安静了，全班孩子也终于听懂：老师是醉翁之意不在酒啊！从此以后，潘乐再也不敢在课堂上造次，真正做起认真学习的"乐先生"来。

我既没有声疾言厉地批评潘乐，也没有用大道理训斥他，但我知道，在这"没有硝烟的战场"上，我终于让过去那个爱在课堂上捣乱、不爱学习的他敬佩起老师来，由此也征服了这群学生。突然之间，我才发现他就喜欢这样的老师，这群学生就喜欢这样的老师——"亲其师，信其道"。与这群学生相亲相爱的岁月不再蹉跎，我再次深感慰藉。潘乐，"乐先生"，谢谢你呀！

老师，您什么时候写写我

"老师，您什么时候也写写我呀？"问这话的是个俊美的小男生——吕旺同学。自从我第一次在学生面前投影出我为他们班上许明同学写的第一篇小作文，将文中故事与学生分享之后，吕旺同学已经多次来向我提出这个要求了。的确如此，是时候写写我们这位可爱的吕旺同学了。

吕旺同学给我留下深刻印象的时候，不是他这个学年度成为我毕业班学生的时候，而在他哥哥吕峰是我毕业班学生的时候。那时候的吕旺同学大概是上三年级吧！有一天下午放学，他到我们班教室外的走廊里等哥哥吕峰一起回家。我递给他两块糖，谁知他不接，一脸纯真无邪地望着我。他调皮又果断，说："我不要！""为什么不要？"我好奇，也疑惑。"我妈妈说不能吃别人的东西。"他解释道，一脸天真可爱。"老师也不算别人。"我逗他。其实我不算"别人"的话，在他眼里也不算是"自己人"，至少我不是他们班的老师，也没有担任他们班的课。"我不要。"他坚持。孩子心中，大概是除了自己父母、兄弟姊妹等家里人之外，其他一切都是"别人"。后来他哥哥吕峰来了，左说右劝，终于"劝动"他接过这两颗糖。我当下感慨，这难道不就是一个孩子对自己自律方面最严格的要求吗？可见父母平常教育的重要，不能不说这就是家庭教育的成功。

这学年，吕旺成了我带的毕业班中的一员。岁月不羁，那个我初认识才八九岁的小孩，一下子就长成十二岁的小小少年了。多少基于他与他哥哥"师出同门"的缘分，我对他自然就要更加严格些。

有一次上课，不知道怎么的，他同桌不专心听讲的举动引起了他听课注意力的转移。我于是就着刚刚讲到的有关的课文内容，特意向他提出了一个比较简单的问题，这大概也是多数老师检验学生是否认真听讲的粗浅却比较直接的做法吧！吕旺挠挠脑袋，仍然一副甜笑的样子，却怎么也回答不上来。他上课一直听得入神，何况这道题答案就包含在刚刚讲的内容中，他怎么回答不上来呢？这似乎既在意料之中又在意料之外。联想起这个学生是个循规蹈矩的孩子，按时完成各项作业并且质量还不错，形象又长得乖巧帅气，深受大家喜爱，所以平时在校园里也没有受过什么挫折，甚至还从来没有被批评过。我想，这样一帆风顺的成长路程，未必是一件好事。今天是不是得让他受点挫折教育了？见吕旺同学仍然回答不上来，我厉声道："请你把课文第一自然段的内容写一遍！"话音刚落，"铃……"下课铃声响起。我布置了作业，宣布下课。再瞟一眼吕旺同学，已两行清泪直流——我突然又动了恻隐之心，但想想挫折与痛苦教育开了头，再怎么也得继续下去。这孩子，心理承受能力确实太脆弱了，于是我请他来到教室外，告诉他我这样做是特意"借题发挥"，想要增强他的心理承受能力的。他接受了我对他出现这种情况的分析，也接受了教导。

"忍受痛苦，是他应该学习的头一件事情，也是他最需要知道的事情。"卢梭在《爱弥儿》中说道。吕旺，当你成了我的学生，人间百味，我都要教你尝一尝，跟其他所有的学生一样，尽管你还只是个小学生。

对不起，老师

刚到这所学校，在班上见到廖志这孩子，他那副极不待见我的样子，让我一下子就敏感起来：嘿，这孩子并不买我的账呀，看样子他总想着怎么给我来个下马威，好让我拿他没办法呢！

或多或少出于这个原因，开学初，只要上语文课，他就趴在桌子上"呼呼大睡"。做老师的，怎么会看不懂他的"小伎俩"呢？实际上他根本不困，但他得做出些样子来给我看看。有时候，他不睡了，就小小声噼里啪啦地做起些小玩意儿来（不可否认的，他的手工能力真是太强，只一小会工夫就捣鼓出一辆小小摩托车，这小手工作品还真是漂亮，我心里不禁赞许道）；有时候，他索性什么都不干，自娱自乐地弄出些怪异的声响；再偶尔地，只要发觉我盯着他，他就马上假装入睡，直接把脑袋掩藏在桌子里——这一切，不过是因为他不能一下子适应新老师，故意摆出一副不想上课、不想听讲的样子来。此外，他的作业也是想做就做、想交才交。我想，每一个人对新事物总得有一个适应期和适应过程，我除了努力把课上得更有趣更精彩外，只有暂时忽略他的"胡作非为"，我只是坚持每天婉转地提醒他、肯定他的点滴进步。我想，这孩子总有"醒"过来的一天吧？尽管我无法预测他"醒"过来的这一刻将会在什么时候，又会在哪一天才能到来。花开还分季节呢！

经过长期观察，我发现这孩子果然有那么一点点闪着光的异样，有了令人欣喜的变化。毕竟其他孩子不像他那样，老师的幽默风趣很快就征服了他们。况且我自信，我们的课堂确实太有意思了，每天的语文课上，他们都沉浸在诙谐快乐的欢声笑语中。久而久之，大家的情绪感染了他。有时候我讲到有趣的地方，廖志同学也会自然而然地跟着大家一起，情不自禁地笑起来。这难道不就是在听讲吗？偶尔他还会顺着我的话接上一两句。每当这种特殊时刻，我就言不由衷地肯定他比上一节课有进步，开始懂得用心听讲了。可每每如此，他又立刻把头深深埋进桌子里了——嘿嘿，他是发现他被老师关注了，而这正是他期待得到却又刻意要表现得满不在乎的。这是一对怎么样的矛盾体啊，噢，孩子，老师不怕你满不在乎，我们继续"较量"前行就是。

有一天，廖志同学的作业又没有交来，这次作业是写一篇作文。我像往常一样问他怎么回事？他显得很漫不经心，一副全然无所谓的样子，但他终于开口说话，作出了回应，他说得直接干脆却令我瞠目："没本子！"终于等到你说话啦！我心想，只要你愿意开口跟我对话，事情就好办啦！我请他到办公室来，送他一本崭新的作文本，请他坐在我办公室的大椅上写。他很专心地写了一节课时间，这是他第一次坐在原本应该老师坐的椅子上写作业。当他写完，我说："这么漂亮的字迹，不学习不写作业真是太可惜了啊！"随后，我请他爸爸妈妈来了学校。我没有喋喋不休他在学校课堂里的"坏事"，我只是肯定了他能写完一篇作文，肯定他取得的进步，交代家长在家要多关注孩子，多爱护孩子，多与孩子面对面交流，并且多督促他认真学习。

"精诚所至，金石为开。"后来的一篇作文里，批阅到他写的话，我突然百感交集，这孩子终于"醒"过来了啊！他写道："对不起，老师！我错了！但愿罗老师能一直关怀我，耐心等待我慢慢长，静待我这一棵小苗苗也有'花开的声音'……"

"我还有救吗"

不听不知道，一听吓一跳。那天在体检登记表上写下体重68千克，身高163厘米后，一个叫唐振的同学说："老师，我还有救吗？"这个又高又壮的大男生，这么个体重怎么就"没救了"？我当即脱口而出道："当然！"不知道从什么时候起，"老师，我还有救吗"竟成了我们师生之间心照不宣的默契。事情从班级组建之初说起。

新班级，劳动包干区增加了一个会议室的清洁包干任务，我们安排了两位男生和三位女生共同负责每天清扫地面、擦桌子凳子和柜台。其他学生也各有任务，唐振同学负责的是校园广场的清扫。没过两天，他来请求："老师，我也想打扫会议室。""怎么啦？"话一出口，我又接着道："能主动要求多干活这很难得，但要说来打扫会议室的，得攒够'打扫会议室的资格'哦，你认为自己够资格了吗？"他没吭声。想到会议室外窗清洁可以增加具体负责人，以及近期他在课外阅读时并没有安静阅读的情景，我又道："你来攒点资格怎么样？要是你连续三天都能一到教室就安静看书，就有资格去打扫会议室啦！"他一听，脸上马上转阴为晴，高兴得连忙说"好"。我又"打一针"："三天哦，三天！"

随后三天，我特地比往常更早到了学校，在教室外悄然无声地巡视班里学生课外阅读的情况。第一天早上，唐振同学捧着一本《俗世奇人》，比较安静地看着；第一天下午，他能按时到位，继续安静地阅读《俗世奇人》。《俗世奇人》这本书很快就被他看完了，第三天，已经换成了别的课外书在阅读。这三天他基本按答应的那样做到了。我让他如愿加入包干会议室的小队中，专门负责窗户清洁，并鼓励他课外阅读时间里坚持做到安静地阅读，真正增加阅读量，通过阅读增加知识和智慧。就在这时，他又说："老师，我还有救吗？"眼里充满了期待。"当然！"我毫不犹豫地，像第一次那样脱口而出，给了极肯定的回答。

　　是的，一个能够正视自己错误和弱点的学生，一个能够在被批评教育中感受到老师殷殷期待，而后用正面行动递交答卷的学生，一个在作文中能够充满真情实感地写出"妈妈，您不是还有我吗"这样语句的学生，当然是有救的！

老师，您跑了多少圈

大早，还没到开校门的时间，我在运动场上开始了我的晨跑。"罗老师！"听见这声音，下意识地一抬头，发现是隔着围墙护栏外的林子对着我喊，他正在上学的路上。我们学校的运动场沿着淡澳河河边大路而建，从北边一直环绕到南边，均是大半个运动场的围墙护栏，呈半个环形。步行走完这一段看起来不太远的路程，悠闲着走，大概也得十分钟。"嗨，林子！"隔着围栏，我回应道。

运动是个好差事。我给自己设定了一个最基本的锻炼任务，那就是只要在校园里，就每天早晨坚持慢跑10分钟左右，沿着校园里的跑道跑，在每条跑道上跑一遍，再在每条道上慢走一遍，一共两轮，运动至微微出汗，便算是完成了任务。当我慢走到跑道南边，又听见有谁喊"罗老师"。这次依然是林子。这时候他已经在距离校门不远处了，旁边还跟着祝辰。林子走到我跟前来，问道："老师，您跑了多少圈？"这是第一个询问我跑步跑了多少圈的学生。记得开学之初，我站在这群学生所在的班里，对每一个学生都极不熟悉，既不能一下子认清全班同学的面孔，也无法第一时间记住每一个学生的姓名，更做不到将学生的姓名与他（她）本人对上号。林子是一个比较活跃的小男生，个子不高，嘴巴能说会道，是一个非常热情的学生，我总能被他的热情与乐观深深感染。

让许多人认识一个人，比一个人去认识很多人要容易得多了。我常常思考，每当与新一届学生融入一个新班级，作为他们的新老师，自己应该如何做才能更快速进入他们的心里被他们认可和接受。除了做一些自我介绍，除了通过双方互动了解，我们应该"看得见"学生。当林子问我"老师，您跑了多少圈"的时候，我深信，师生之间已经相互欣赏。而他这不经意的一句话，实则也给了我坚持跑步的新动力——让学生看见"坚持"的样子，也让他们感受"坚持"创造的力量，学习也是一样的道理。

爱阅读的你真美丽

  课间，杜小艳来到我办公室，要重新领一本课外书回去阅读。上个星期我跟她约定过，课余时间、放学在家时间每天都得阅读课外书。考虑到她家的实际情况，课外书暂时由老师给她备选，每看完一本，就主动到我这儿来还一本，再接着借一本，不得间断，上个星期五借给她的是《朱德的青少年时代》。这个星期二她来还书，我问了书中一个小情节，她有些回答不上来，我肯定她没完全看进去，耐心对她说："读书得专注，用心投入才行啊，走马观花大概看一遍可不行。读过这本书后，还得清楚地知道你在这本书里学习到了什么，至少要知道有哪些情节啊！"杜小艳不好意思，也不说话，腼腆地笑着。我说："这本书你才刚刚开始阅读，可能还不十分感兴趣，老师建议你再认真地看看，静下心来仔细阅读，一定能发现书中的美好，一定能找到一些朱德青少年时代使你感兴趣的故事，你再试试看，好吗？"她轻轻点了点头。"你不用急着还书。书，只有用心阅读了，把书里的故事变成了你脑海里的故事，那才叫真正地读课外书呢，你说呢？"她终于说"好"。

  杜小艳是这个学期我们学校增设了五年级班时，从邻近县区的一所民办小学转学到我们学校的，总是一副很小心谨慎的样子，下课了就坐在自己的座位上，很不合群；上了一个星期的课后，我发现她的语文学习基础也很不扎实。而且总有一种"丑小鸭"的自卑感萦绕着她。

  怎么样才能提高杜小艳的语文学习力？如何才能使她更快适应新环境、新班级，提高成长自信力？除了日常教学给她辅导课内知识，加强学习方法和技巧的训练，阅读是语文学习的根本，一定是最好的语文学习方式和最好的自我成长方式。我要求她必须坚持阅读课外书。两个星期前，在她家长来接她放学的时候，我带着《朱德的青少年时代》与他们进行了沟通和交流。我先是肯定了杜小艳在班里乖巧的表现，提出了让她在认真且比较有效率完成校内学习任务的同时，每天要坚持阅读课外书，与家长达成了共识，于是就有了借书以及她来还书的情景。

今天又是星期五，距第一本书《朱德的青少年时代》的借阅时间刚刚好两个星期过去。杜小艳带着书，阳光满面地在我办公室门前报告："老师！"我问："看完了？""看完了，您问我问题吧！"我呵呵一笑，我想："就你现在这般状态，我还用提问吗？"我高兴地肯定了她，重新借给她一本《跟维克多一起成长》，同时建议她：可以邀请爸爸跟她一起阅读这本书，进行亲子阅读。她高兴地说"好"，就跑开了。现在的杜小艳，课堂上听课学习更加专注，她的眼神总能随着老师的身影而转动，不再有涣散飘忽的神情，她的作业也书写得更加工整，这不正是她在努力的结果吗？和同学之间的关系自然也缓和了，还交到了好朋友。我在班里表扬了她。

一本书，一段阅读经历，如果可以促成一个学生学习内驱力的自我形成，我想这个学生一定可以成为更好的自己。学习，一直在路上。阅读，永远是最好的成长助推剂。

告诉您一个秘密

可能成为教育契机,并能够拉近师生之间某种默契或给教育者自省启发的,也许只需要一句小话语、一个小神态、一种不经意间的瞬间感受。

杜小艳来还我借给她的第一本书《朱德的青少年时代》时,我借给她第二本书《跟维克多一起成长》,鼓励她继续认真阅读,对她说:"认真阅读哦!要像读第一本书那样,把书里的故事都变成自己脑海里的故事。老师还会提问你关于书里故事的内容哦……"我这话音刚落,就听见旁边一个声音:"老师,我要告诉你一个秘密!"秘密?我感觉这话有意思,说这话的是跟杜小艳一起来的小女孩。"你叫什么名字?"我问道。"吴丝呀!"只怪老师记忆力不如年轻的时候,上课两天了还没能记住全班同学的姓名。"哦,秘密?"我表现出极大的兴趣,既然是"秘密",那还真应该有些"不为人扰"才行。我搂着吴丝的肩膀,拉她到与杜小艳有一点点距离的另一边。"这么神秘?还有秘密?"我笑着问道,"这秘密能告诉老师吗?""杜小艳她其实是没有把《朱德的青少年时代》看完的!"原来是这样。

要求杜小艳每天读课外书,并且借书给杜小艳阅读这件事,我并没有在班上作公开说明。大概是杜小艳自己告诉了她的新朋友吴丝,她在读《朱德的青少年时代》;或者告诉她好朋友她在读这本书的感受;又或者是她在课间读这本书的时候,自然被同学们知道。这都是些小猜测,但不管怎么样,杜小艳愿意认真坚持读下一本书来,已经让我感到欣慰。对吴丝说的这个"秘密",我不以为然。对一个原本不爱看课外书且丝毫没有养成阅读习惯的学生来说,出现这种情况是很自然的事，也是我预料中的事——我想要达成的小目标，首先就是在短期内让杜小艳手里有书、心里有书；其次是通过每天的"手不离书"，让她对课外阅读逐渐感兴趣，一步一步养成爱阅读的好习惯，达到真正热爱阅读的大目标。

吴丝是"无中生有"来"打"杜小艳的"小报告"吗？我想，不是的。刚刚在还书的时候，其实只有杜小艳自己走进办公室，而跟她同行的吴丝却徘徊在办公室门外，当我对着她招呼道："怎么不进来呀？快进来啊"之后，吴丝才不太好意思地走进办公室来。可见，这小女孩心里是多么不踏实呀，她与同学有默契，当了一回陪伴者，却感到了主角不是她自己；她见到了老师，到了办公室，又似乎感到老师没有主动邀请她，而不敢亲近老师。这不能怪吴丝。此时此刻，我需要做的，就是及时察觉，察觉吴丝这个行为背后所传递出来的内心世界，我需要给她一个缓冲的时间，也需要给她一些爱和包容。我继续搂着吴丝的小肩膀，俯下身靠近她，说："谢谢你告诉老师这个秘密啊！既然是'秘密'，那就不能让第三个人知道了，就只有我们俩知道才行啦！"听到我说谢谢她告诉我这个秘密，吴丝的紧张情绪一下放松了，她很痛快地说："好！""老师还得请你帮个忙。"我继续说道，"你也读读《朱德的青少年时代》，到时候你再向杜小艳提问，就知道她有没有把书看完了，好不好？"转身就拿起书给了她。"我一定读得更认真！"我又对这俩小姑娘说："现在你们俩都有了可读的课外书，看完之后得互相提问哦，看看谁读得更投入、更有效，别让对方难住了。"

每个孩子都有自己传递声音的独特方式。感谢吴丝这孩子告诉我这个小秘密。以点带面，点线结合。第二天的课堂上，我及时给班上孩子做了有效进行课外阅读的方法指引，布置了全班同学课外阅读的任务，并要求大家完成《阅读笔记》。"老师，我告诉你一个秘密"，一句让我想不到的小话语，让我在教育路上又一次真正"看见了学生"，继续且行且思。

初见"许大书法家"

从新学期学生注册那天到开学第一周,许多瞬间令人感动,也令人感到温暖。许明同学就是其中一个,当我了解到他是班里书法练得最好的同学时,我想:"英雄"应该有"用武之地"。于是,但凡班里需要展示文化宣传或同学自创的名言标语时,我便请他"挥毫泼墨",同时在全班同学面前虚心地对他说:"许明同学,罗老师真心甘拜下风,毛笔字确实不如你写得好呀!谢谢你为班级付出啦,许大书法家。"于是,他便得了个"许大书法家"的美誉。

有一天课间,我看见许明同学和邓昊同学一起玩手势游戏,那咧嘴笑的样子让人不禁深受欢乐的感染,于是这情景瞬间又被定格在我的相机里,大概受了旁观同学的提醒,等他们反应过来时,我已经揣着相机离开教室。没多久,许明到办公室找到我,轻轻问道:"老师,您为什么要'偷拍'我?"语气平静中略带些责备和不高兴。高年级男生大多不像女生那样爱表现自己,对被照相没有多大热情,甚至还可能带些小抗拒。我和颜悦色,真诚地说:"嘿,小伙子,纠正一下,我不是偷拍,是光明正大地拍哦!"不等他反应,我继续说:"你玩这个游戏时高兴不高兴?""高兴。"我把相片给他看,同一情景共三张,"看看,是很高兴。我一看,也觉得自己同样高兴,谢谢你许明,你的快乐给老师带来了快乐,我感受到我们班真是一个幸福的班级。"他笑了,很内敛。"高兴的时刻值不值得留下记忆和纪念?你自己选,看看留下哪一张你最喜欢。"我把选择权交给他,又问:"这张好不好?"在他选定后,我再次问他,"就这张了?那我存起来不删了,把另外两张删除喽？"他说："好。"真是个愉快的决定！

　　初见许明同学，我们的"许大书法家"，从师生彼此陌生到他渐渐愿意向我靠近，他以学生的角度，更以班级主人翁的角色，带领我慢慢见识六（2）班。这美好和谐的师生关系，让我们向班级幸福大目标又迈进了一大步。谢谢你，许明！

亲爱的小孩

（一）

  课间十分钟，走廊里，我们班的李紫同学对我说："罗老师，我旁边的同学说你好好哦！"我感到莫名其妙：要是班里同学认为我好的话，早应该直接面对面对我"传情达意"了。"你说谁说我好？"见我笑眯眯盯着她问，她接着说道："就是在我做学校值日生的时候，你跟我打了招呼，站在我旁边的同学，其他班的，她就对我说'你老师好好哦，其他老师都是学生先跟他打招呼才回应学生的，你老师居然先跟学生打招呼。'"原来是这样！小惊喜之间，我深深感动。小学生，在他们小小的心灵里，界定一位好老师的标准竟然如此率真可爱！

（二）

  进入初冬的季节，天气还不算冷，校园里的阳光很好，暖暖的。不记得哪一天下午，曾昱对我说："罗老师，您两手抱起来的样子很酷哦！"两手抱起来的样子？我心里有些好奇。她继续说："您站在教室里看我们写作业或听我们朗读课文的时候，就双手抱在胸前，那个样子看起来好酷哦！"我恍然明白，又仍然恍然，我是常常互抱双肘于胸前，这样同一姿势出现在学生面前，自己却浑然不觉。难怪每一次看到走廊里的她，十有八九也是一副两手互抱双肘的样子。原来老师的一举手一投足，哪怕一个不经意的动作，在学生眼中亦另有风景。我们所信奉的言传身教、润物无声，确实是这样无处不在啊！

（三）

早操前，各班学生队伍陆陆续续从教学楼来到运动场，各班领队的值日生在整理着自己班级的队伍。我从六年级队伍前经过时，听见六（3）班一个女孩子悄悄地对她身边的同学说："这个老师的衣服好大哦！"我今天穿了一件暗红色的大衣，长及脚踝处，是算"很大"的衣服呢！我返身回到这个学生跟前，轻声对她说："我知道你说我。"只见她一下子紧张得脸红。（以为这外班的老师会责备她？）我本想逗逗她，可听见广播操很快就要开始了，我只好长话短说，直接肯定和感谢她："谢谢你发现我衣服很大，还能表达出来，这让我感受到了你对我的关注，谢谢你！"我说完，看了看她，这学生原本微红的脸更红了，但我知道此红非彼红，她是真正满心欢喜了呢！一句悄悄话引起了老师的青睐，并做出了回应，这不正是老师对学生每时每刻的关注么？其实，在师生日常相处过程中，每一个学生都能感受到老师是不是也对他们时时关注，哪位老师对学生关注多一些，哪位老师对学生关注少一点，尽管学生嘴里不说，但他们的心敞亮着哪！"记住一个人的方式，是感受。"这话，我始终相信。

想念一个女生

第一次在《教师博览》公众号上看到郑英老师的好文《教师如何避开成长的暗礁》(《课堂，可以这么有声有色》郑英著，中国人民大学出版社2020年5月)，我的第一感受就是，这文章我得第一时间发给我的同事，和我的伙伴们分享。乍看文章题目，感觉它很"时势"、很理性，很自觉地就与成长倦怠联系在一起，也很自然地与教育理想、教育环境现实对号入座。难道只有刚刚参加工作或者所谓的年轻教师才需要成长吗？我想不是这样的。今年我已经年过四十，一个众人眼中的不惑之年，我却认为自己仍然需要坚持不懈的成长。在年轻的时候，我需要的成长大概就是教学经验和教育经验的基础积累。如今年岁日增，我内在驱动着自己想要的成长需要已远远超出了基本经验欠缺这一方面的因素，更多的是希望得到教育智慧的提升和教学自我风格的沉淀。

在我曾支教的学校里，有一个很文静的小女生，叫余嘉，令我极其感动。那时因支教需要，我带五年级的一个班级。余嘉就在我的班里，我教了她一个学年，她就给我写了一学年的信，每天一封，从不间断。后来我特地送给她一个笔记本，让她写到一起，几天给我看一次。支教结束后，我离开了这所乡村小学回到原单位，而余嘉仍坚持着写。今年7月31日，我收到余嘉同学托一个同事交给我一整本信以及一整罐自折的幸运星，心里瞬间百感交集——她从来不能勇敢地直视我，甚至连张口说话都显得极其羞涩，但她用写信的方式和行动坚持了她的执念和态度。她告诉我我曾经怎样深刻地影响了她，她又是如何爱我这样一个老师的。她在信中写道："罗老师，我上初中了，我总是想：当我晚修放学回到家，坐在院子里看星星的时候，你就坐在我旁边，那该有多好。"我无法做到真如她的愿望那般，夜晚与她坐在她家院子里，然而这美好的愿景却是我教师职业一生中最柔软的芳草碧色，那就是以自身的美好和对生活的热爱，在学生心里种一颗饱满的种子、轻盈的种子、幸福的种子，以及对未来充满期望和为此坚持积极向上的种子。后来在八月份的一天，我特地回了一趟我支教过的学校，到村里找到了余嘉同学，到她家里去看望，坐在她的旁边，在那一台风扇呼呼的转动声中，和她共度了一个下午的浅浅时光。

有一个伙伴发了一条朋友圈同样让我触动心灵。她写道："不管哪个年纪，都活成最好的模样。"是的，不因年岁渐长而羡慕年轻，年轻总会有年长的时候，而当下的自己却积攒了年轻所没有的情怀与激情澎湃的勇气。走过成长中的暗礁，充满阳光和希望，对热爱的每一件事物都全力以赴！余嘉，相信我们一直在一起，为奔赴美好的前程不懈努力。

老罗风趣

这个标题，其实是套用余弈同学的作文题目。余弈同学，一个很安静的男孩子，说起话来不紧不慢，也不像其他爱表现自己或专为引起老师注意而一乍一呼，却总能语出惊人说出一段段诙谐有趣的话，在同学们被他逗乐的同时，他自己倒显出异常的不苟言笑来。由于先天的身体疾病，一个学期下来，他基本处于休学状态，只有身体好的那几天才到学校来上课。来到班里时，常常也只安安静静地坐在自己的位置上。尽管如此，他却总能比很多同学学得好，跟同学之间也相处得很融洽。

有一天下课，只见余弈同学像往常一样独自安静地坐在座位上，见我走向他，一下子笑了，说："老师，您好风趣呀！"我还没反应过来，他接着说，"而且您好有风度哦。"我跟着他"哦"了一声："何以见得呢？"只听见他接着说："每一次您来上我们班的课，您有没有听到我们班同学的尖叫声？"我表示不明所以，他又自顾自地说："其实我们只是很兴奋又是您来给我们上课啦！"可这跟"风趣"又有什么直接的关系呢？他便给我举了个例子，说到教学课文《冬阳·童年·骆驼队》的情景，又说到教学儿童诗《我想》《童年的水墨画》的情景，还讲到了"乐先生"的事，这是一个多么细心观察事物和感受事物的学生啊。

根据班级管理的需要，我和同学们达成共同协议：课前一定要整齐地朗读课文，或古诗，或现代名句，甚至是朗读生字词也可以，只要开口朗读就对了。每节课上课，都不能比老师迟进入教室。也就是说，没有特殊情况，一定得在老师到来之前，学生就得已经在座位上，至少是已经在教室里了。这看起来似乎有些强制，却是培养学生时间观念和自我管理的好法子。对于这个事，很多同学开始还执行得不够好，在科代表的领读下，经过一个多月的实践，大多数同学都能自觉守规了。当别的同学没有及时做好，学生还能互相提醒和督促。有一次课间，余弈同学到数学老师那去请教应用题解法，可能是要解决的难题比较棘手，数学老师又唯恐他因为多时不来上学导致理解困难，就耐心多讲解了些。于是他"一不小心"就比我迟进入教室，当他急匆匆走到教室门前说"报告"时，我已经在讲台上环视进行课前朗读的同学们了。同学们朗读的是《清平乐·村居》："茅檐低小，溪上青青草。醉里吴音相媚好，白发谁家翁媪？大儿锄豆溪东，中儿正织鸡笼。最喜小儿亡赖，溪头卧剥莲蓬。"正在朗读着的同学见他出现在教室门前，瞟了他一眼，又瞟了我一眼，大概都在等着我数落他的不是。我见余弈同学一阵脸红，又联系到他平时上课认真的态度，什么也没说，只是朝他微笑着点点头，让他快快回到座位上。得到"赦免"的他如释重负，用眼神告诉我："老师，您真有趣。"

有趣的教学语言确实是可以给课堂带来许多有意思的情景的，也使课堂氛围更融洽，有时候更能无形助力教学效果的提升。余弈同学说："老师，您上课真的很有趣呀！"他说，"有一天您讲到'蓑衣'的'蓑'字时，是我上学以来感到最爆笑的场景。那时您问我们：'蓑'字的草字头去掉了是什么字啊？"好像是有这场景，那时就有调皮胆大的同学直接回答"衰"。另外有同学立刻说："老师，您说这个'衰'是不是就像我们不用心学习一样，兜里有钱都会掉？"同学们被逗得哈哈大笑起来。余弈同学说得没有错，就连教个生字都如此幽默有趣，我们班的课堂就是这样妙趣横生。

爱其师，信其道，亲其行。我想，这确实是至理名言。我们做老师，做班主任，做教育工作者，可以教给学生、启发学生心灵的，不仅仅是课本上的文化知识或文字含义，更多的是教会学生懂得"学习是自己的事"的生活规则和人生哲理。道理虽浅，却足以使人受益终身。"使卵石臻于完美的，并非锤的打击，而是水的且歌且舞。"拉近师生距离的，往往是课间几分钟与学生同处同聊所创造的奇迹。

蜕 变

叶昊

生活中处处都充满欢笑，而我的笑声，更多的来自我们最敬爱的罗老师，是她使我们蜕变成长。

罗老师是我们六（2）班的班主任，也是我们班最幽默、最有教育方法的老师。在这之前，我们班是全年级倒数第一。升上六年级，罗老师成了我们的班主任，给我们班传授知识。我们也很好奇：罗老师怎么就这么有办法呢？她使用的"锦囊妙计"总能使我们乖乖听话，让我们不再像从前那样闹事，而且六年级第一学期就连续五个月获得"文明班"的光荣称号呢！对于我们班来说，这简直是史无前例的奇迹！随着一个个喜讯传来，我简直不敢相信自己的耳朵：一个曾经倒数第一的班级，现在却正数第一。我知道，这些都是罗老师因爱我们而创造的奇迹。她爱我们，既温和又严厉。她不仅仅教会我们课本上的知识，还常常别出心裁地给我们举办许多让我们感到幸福和难忘的主题活动。而在这些活动中，我们体验到的都是人生路上的"第一次"，其中最让我觉得有趣的是生日会。虽然"生日会"这三个字听起来似乎没什么特别，但是却包含了同学之间深深的友爱，他们那不分彼此的分享精神令我无比感动。我想，在罗老师的深爱中，同学们真的长大了。

坐在一个羽翼成蝶般蜕变的班级里，我感到无尽的幸福，这幸福感已深深刻入我的心灵。从此，我无法忘记六（2）班的幸福——谁又能忘记呢！

老师来了

欧晓芸

罗老师来了，站在我们的教室里。这天，她穿着一件白色上衣，套着一条宽腿牛仔裤，一条粗粗的长辫子搭在右肩上。看起来是那么清秀，像一个十八岁的少女。

罗老师给我们讲课文《祖父的园子》，并不是照着常规把课文分析完就算了。她讲作者萧红的生活经历，讲她小时候的故事，讲她短暂生命中经受的波折和生活对她的磨难。至此我们知道，祖父的园子对作者来说是一种怎样的珍贵。罗老师带领我们读课文。她读的时候，声音那么轻快，节奏那么明显。读到"好看的是大红蝴蝶"时，就能让我们感受到蝴蝶真的是好看的；读到"停在上面一动不动"时，我们就真的一动也不敢动了。这简直太神奇了！她说："请大家看看课题前面的序号，发现什么了没有？"我们一看，不就是带了个星号吗？便异口同声说："有一个星号。""对，这表示这篇文章得同学自学，大家也能学会。"于是，她成了"甩手掌柜"。于是，我们学会了自学。这又是一种怎样的教法？她用这篇课文教我们写作文，就用课文开头第一个句子。她说："我们学校有一位新老师……"这教法太特别了，但我们一下子就知道怎么写开头了。

下课了，往窗外望去，天空蓝悠悠的，又高又远，期待下一节语文课再遇罗老师！

老师特别

曾雯熙

这次，我们看到了罗老师。她和我以前认识的老师好像不太一样，特别是上了她的语文课之后，我深深地感受到她比我想象的更可爱、更含蓄，也更有趣。

罗老师爱笑。

她所传递给我们的信息总是在她那可爱的笑意之中。当老师发现哪位同学不用心又自以为是不承认、不改过错误的时候，她的笑就"诡秘"了——明明对着你笑，和蔼可亲地对着你说话，那笑容却让人感到一些害怕。是严厉？是批评？是训斥？还是期待？让人深感五味杂陈，又心悦诚服。可是，只要老师感受到同学们在努力做好功课，感受到我们用心做事和学习的时候，她就会笑得很灿烂。

罗老师爱笑。

她给我们上的语文课，是我们班同学最喜欢的课，也是最期待的课。她的每一句话都能让我们在笑声中感受到正能量，我们在笑声中积累了知识，增长了智慧。

这是一位怎样的老师呢？她的笑容，让人迷恋，又让人捉摸不定。那笑容常常温暖着我的心灵。

严厉的老师

陈佳凯

罗老师来了，在我们的教室里。她的到来，预示着语文课很快就要开始了。今天早读课是语文，我却头晕晕的，喉咙很不舒服，但是我没有告诉老师。老师布置早读课的任务是"大声朗读第八课课文"，却发现我练习背诵时不仅声音细小，而且又在低头看着桌子什么的，显得漫不经心，明显没有用心背诵。背诵时间一到，罗老师就提问了我，我知道她一定是生气我不专心背诵课文了。她请我到黑板前来默写"下面的句子"。我却直接把黑板上写着的"今天早读课任务：大声朗读第八课……"念了出来。一念完，我马上就意识到"情况非常严重"了：老师还没说出要默写的句子呢！她不动声色地批评了我，我的眼泪忍不住流了下来，但老师不为所动。她说："男子汉流血不流泪。"当老师了解了情况，更是意味深长地说我不应该，她说："身体健康第一要紧，你应该第一时间告知老师。但这不能成为不专心的理由。"下课后，她请我去她办公室，给我泡了一杯润喉茶，真诚地说："来，喝了它。"那茶甜甜的，喝了它，好像我的喉咙也没那么痛了。

没有不爱学生的老师。我想，罗老师是严厉的，但正是这样的严厉，使我更努力。她像一轮温暖的太阳，照耀着我们每一位同学成长。

心 窗

方小俊

岁月奔驰得极快，忙忙碌碌之中，许多的时光、许多的风景便被扔到了身后。每当捧起《擦拭心灵》这篇文章看时，我便会情不自禁地想到自己，想起罗老师——我们的罗老师，是你让我听见了花开的声音。

我原本是课堂上最有名的"捣蛋王子"，上了四年级，我们的老师换了，这可给我带来了不小的压力。不管是清晨还是黄昏，不管是在操场上做体操还是在教室里敲响"课堂交响曲"，又或者是在放学排队的那一瞬间，老师几乎每时每刻都将我盯得紧紧的。那一双深沉而含笑的眼睛，即使是课间十分钟也毫不放过对我的关注！特别是在她那要求严格而又充满欢声笑语的课堂上，我总是难逃她的"法眼"。就是在这样严厉的环境中，曾经调皮的我终于醒悟，重新努力起来。我开始喜欢上学，喜欢上课，尤其喜欢上语文课。我的成绩一步一个脚印地提高，我再也不跟老师们顶嘴，再也不去跟别人打架了。这对我这个"魔王"来说，难道不是一个天方夜谭般的奇迹吗？

如今，罗老师担任我们的班主任已经两年了，五年级暑假的脚步越来越近，离别的钟声即将响起，我多么希望她能一直带我们到小学毕业啊！当我细数着门前的绿叶，倾听着窗外的雨声，真的想说："罗老师，您一定要知道，您便是我记忆深处最圣洁的一扇心窗，就在这一扇属于我们的小窗里，是您让我听见了花开的声音。"

心 声

易欢欢

经历了六年的风波，我们马上就要离开罗老师和这所陪伴我们多年的母校了。老师，我是多么希望您和我们一起走得更远、更远！

您记得吗？有一次您出差了，班里满是失落。一天中午放学，一个声音忽然说："那不是罗老师吗？"我一扭头，望见一个模糊的影子在远处晃了晃。"那不是罗老师。"我说，失落感再次涌上我们的心头。路上，我想啊想啊，罗老师怎么还不回来呢？好怀念罗老师的课。终于，第二周的星期一，您终于回到了我们的班级。只见您一进教室就给周烨一个大拥抱，然后开心地把给我们的特别礼物——一袋旺旺牛奶糖一颗颗分给了我们。"冬瓜"当时没分到，眼眶立刻通红通红的，那最后一颗糖被握在罗老师手里呢！"王大哥"见"冬瓜"没有糖，便想把自己的糖给他，但他不要。这时，罗老师回到"冬瓜"身边，把最后一颗糖给了他。"冬瓜"抑制不住，眼泪流下来，但他流的是开心的泪！

老师，今天我们相约15年，请千万别忘记了，我期盼那一天能与您相见。

附录 我与研究

WOYUYANJIU

带班，
有真趣
DAIBAN, YOU ZHEN QU

幸福班级创建小策略

教学教育工作本身烦琐细微，时效性长。自身对工作缺乏热情、敏感性和创新思维，导致教育方法一成不变，是不少班主任深感学生难教的症结所在。从如何根据学生个性化特点对班级进行艺术性调控，在课堂上如何做一个有趣可爱、胸怀大爱的老师的角度出发，如何进行幸福班级初始创建，我们进行了系列探讨。

关键词：幸福、激励、策略。

班主任工作，特别是跟小学生打交道的小学班主任工作，看似平常简单，仿佛人人皆可为之。但为何有人事事亲力亲为、忙得不可开交却收效极微，甚至事与愿违，另一些人却总能"以少（付出）换多（成果）"，效果立竿见影？就在于班主任是否能诚恳地放低自己的姿态，跳出常规思维圈子，打开学生个性的"多棱镜"。只有正确解读自己的学生，做个有趣的老师，班主任工作才能做到有的放矢，达到事半功倍的效果。

一、跳出常规圈子，还学生自由

将班级创建成学生始终能快乐、轻松、自主、成功学习的乐园，并使学生在这个乐园中学会自我教育，让其主体性得到充分、有效地发挥，这样的班主任才是符合现代教育要求的班主任。深思熟虑后，我决定跳出常规思维的圈子，摒弃往常惯用的教育方法，给学生"当家作主"的自由。

1. 给班干部职位"穿上花衣裳"

班干部可毛遂自荐，也可推选他人，但竞选者竞选前都要说清楚怎样管好自己，如何为班级服务。由于是公平公开的竞选，竞选的结果人人心悦诚服。

这里套用类似公司模式的称谓，将班长称为"高级董事长"，副班长称为"总经理"，管理早餐的同学谓之"后勤部主任"，路队长谓之"交通监督长"，值日生称之"卫生部部长"，小组长们是"联合国成员"，等等。尽管换汤不换药，但由于这些称谓具有现实性、新颖性，同学们都乐于如此称呼别人，也乐于被别人这样称呼，班干部组团工作首战告捷。

2. 集体大谈心，进行"研究究"工程

选好班干部后，我们又紧锣密鼓地在班里与全体同学作集体谈心，让他们说说班里有哪些事要做，自己能做什么，遇到问题大家应该怎样商量着解决，老师和同学一样平等，绝不高高在上。然后带领大家一起学习《小学生守则》和《小学生日常行为规范》，从教室卫生、课堂纪律、课间活动、作业完成等各方面，研究、探讨我们每一个人都应该怎么做才对，形成"研究究工程"。通过动画片《海宝来了》中学生最熟悉不过的"研究、研究、研究究"一语，让同学们都明白自己既是将军又是士兵，既是管理者又是被管理者，主人翁地位的作用得以充分体现。地位明确，职责明晰，事事井井有条，学生就爱这个集体。

3. 定期召开"班级董事会"

每周召开班干部会议，讨论班级工作，并有针对性地邀请部分同学来旁听。例如讨论学习时，邀请经常不完成作业或沉迷电子游戏、无心向学的同学；讲到卫生问题时，那些随地扔垃圾、不尽责的值日生就在被邀请之列……当然，这些"特别嘉宾"都有一定的发言权，旨在让他们认识错误并实现自我教育能力的提升。"随风潜入夜，润物细无声"，治脏、治乱取得成效。

三个学年的实践证明，这种艺术性的调控比班主任包揽一切的做法更具实效性，充分地激励了学生参与班级管理的主体性和积极性，培养了学生的自我约束力，达到了无为而治的效果。

二、善用激励语言，立足课堂教学

一个可爱的老师必定是一个幽默风趣的老师，他的课堂必定是妙趣横生的课堂，并因此使学生深深喜爱他，而学生对老师的喜爱无疑为班主任工作的有效开展提供了良好的保证。以我们的语文课堂为例，不论是简单的识字教学、课文分析、阅读理解，还是作文训练，甚至于"思想品德行为训教课"，都无处不诙谐，无处不幽默。

由此及彼，从课堂延伸到课外，从科任老师到班主任角色的变化，"亲其师，信其道"再次得以证明：学生在乎的仅仅是他们所遇到的老师是不是一个有趣的人。作为老师，拥有一颗童心，让学生在轻松、情趣盎然的学习氛围中得到身心的愉悦，学生自然就会接近他，从而轻松地走进学生的世界，为班主任这样一个角色的工作带来意想不到的便利。

三、"三明治"式的关爱，批评也是甜

陶行知先生说："真教育是心心相印的活动，唯独从心里发出来的，才能达到心的深处。"班主任工作是在人的心灵上耕耘的工作，最需要爱心与耐心，需要将满腔热情化作涓涓细流去温暖和滋润学生的心田。抚摸学生的小脑袋，课间与学生一起聊聊天，活动课时与学生一起玩游戏，如跳皮筋、掰手腕等，都是师爱的有力展现。

班里有一位学生来自陕西省，他妈妈是响水河工业区一个普通的工人。平时他总是沉默寡言，几乎从来不做作业，在家里也不听妈妈的话，是个很令老师们头疼的学生。为此，班主任多次找他谈话，后来又单独给他布置作业：采访自己的父母。要求仔细观察父母上班前、下班后辛苦忙碌的情景，请父母谈谈对自己的期望，而后给他们写封信，信中要有赞扬他们和请他们原谅的内容，写好后请家长过目。这样收到了预期的效果。他在作文《老师，我想对您说……》中写道："你并没有批评我，但你的'三明治'却治好了我。老师，太感谢你了！"只要我们真诚地付出爱，将爱艺术性地注入学生心田，我们的心血就有可能浇灌出灿烂的希望之花，这正是班主任工作要达到的最大目的和至高境界。

"教育，如果没有美、没有艺术，那么是不可思议的。"（苏霍姆林斯基）"用幽默的方式说出严肃的真理，比直截了当提出更能为人接受。"（雷曼麦）在班主任工作中，我们要从成人思维世界中走出来，多一点童真，少一些架子，多一些幽默，少一些谴责，根据学生个性化特点巧妙地对班级进行艺术调控，立足于课堂，努力做一个诙谐风趣、心中有爱的老师。

幸福主题班会素材的提炼

　　朱永新校长说到关于"教育的本质","其实到最后就是培养一个幸福的人、完整的人,让孩子不断把自己锻造成一个更好的人"。主题班会活动的开展是提升学生精神层面的最佳载体和路径,分别与德育和学科教学相辅相成。在《中小学德育工作指南》和践行社会主义核心价值观等理论的指导下,如何在班主任智慧幸福的带班过程中实现主题班会素材的提炼,从而达到主题班会活动效益最大化,实现幸福带班价值最大化,观点主要有三。

一、与时俱进紧跟学校的步伐,务实主题班会素材

　　学校教育是贯彻落实党的教育方针政策的主要阵地,而学校教育的具体执行单位是班级,班级管理只有了解学校的发展方向,紧跟学校教育发展前进的步伐,才能使班主任带班育人工作有正确的目标和正确的方向,班主任的德育工作才有意义、有价值。怎样做到紧跟学校德育工作的步伐,做到带班主题活动的开展与时俱进呢?

　　一是根据学校德育工作的安排,做常规的主题班会活动,比如"开学第一课""安全教育课""我的梦中国梦"等。二是在常规主题中拓展宽度,适当"添花",比如在"开学第一课"以安全为主题的基础上,可以结合少先队"同制爱心卡"主题,结合新学期学习信念、班级发展规划,拓宽班会课的内涵。同一主题,做到多项内容互相渗透,为主题班会素材提供了多视角的发现,一举多得。

二、多角度发现生活日常趣味，丰富主题班会素材

1. 结合班级成长理念和发展规划

做生活的用心观察者，用心发现，善于挖掘，就能找到生活的真正趣味。这些充满趣味的生活片段，就是幸福主题班会素材最接地气的原料，也是最有话题感、最有说服力的原材料。生活真有趣，围绕班级发展理念从生活中提炼班会素材，将更有效助力实现幸福带班的育人目标。

以班级发展理念和行动准则"昂首阔步我们自律，幸福优秀我们努力"为例，如何引导全体学生真正做到"昂首阔步"，如何更快步伐地实现"幸福优秀"？主题班会"我们都是'大学生'"的开展给了最好的诠释。结合成长价值观教育和学习自信教育，班会素材从"小学里的大学生"的定义、毕业班学生的学习习惯与态度、学生个人的学习规划与愿景等方面进行了提炼。在班会课尾声，班主任给每个同学一封信，信里自然是提出殷切期望，但每一封信的具体内容又不完全相同。到此，学生进一步明确自己作为毕业生的角色定位，理解班级发展理念的大方向，也必然能做到"心中有集体，进步靠自己"了。

2. 借助家庭教育短板和家校共育合力

劳动教育是"五育"之一。学生是各个家庭的掌上明珠，乃至力所能及的家务活都由家里长辈一手包办，久而久之不爱劳动，这与教育部要求每个学生都热爱劳动的理念形成了一定的矛盾，对学生劳动价值观的正确形成也有一定影响。为此，开展劳动教育主题班会"我们为你点个赞"就恰逢其时。这节主题班会课的素材主要来源于学生平时打扫卫生、布置班级文化等为班集体付出时的图片，这些图片多数是学生的侧影或背影，基本都是老师随手拍的结果。由班级常规值日劳动到参加学校组织的大扫除活动，延伸至家务劳动，通过在班会课上展示他们的劳动背影，引导学生形成正确的劳动观和价值观，是一件有意义的事情。班会课带来的效果，是学生劳动的主动性、能动性和成就感更加强烈了，由此带来的劳动幸福感油然而生，这就是"自律"与"努力"的行动体现。班级发展理念再次得到深化，班级集体荣誉感再次得到提升。

又如以"成长"为主题，我们每个月举行一次班级集体生日主题班会，其中九月、十月的活动由老师主持，活动流程也仅仅是学生齐唱生日歌、当月生日的同学许愿、分享蛋糕简单的三部曲。后来我们邀请当月生日同学的妈妈一同参与活动，在原来环节的基础上增加了妈妈致辞（说说带孩子的不易以及对孩子的期盼等）、孩子对妈妈说、母子拥抱等具体内容，将"成长"主题拓展为"成长·感恩"，宽度、深度、广度融而合一，主题班会意义更深，效果也更好。

只要我们走进学生的心里，从学生的角度来思考问题，对全班同学进行人与人之间行为感受交流这个理念的传递，从中提炼主题班会的素材并加以运用，我们就可以发现并得到新的教育契机。

三、渗透学科思想结合教学实践，提升主题班会素材

教育教学是学校生存、生长的生命力，我们将德育借助主题班会课进行开展和渗透。以班里学生转学为例，可以结合语文教学中关于书信这一习作要求，组织全班同学给即将转学离开的同学写一封信，再由课文《草原》中"蒙汉情深何忍别，天涯碧草话斜阳"一句引申出来，开展一节"同学情深何忍别，校园铃花话友谊"的主题班会。

为了做好"安全与感恩"这一主题活动，也为了使学生更好地掌握"狼吞虎咽"和"细嚼慢咽"这两个词语的灵活运用，借助母亲节或父亲节，可开展"特别的苹果特别的爱"主题班会。活动前布置每一个学生准备好一个干净的苹果。主题班会以"苹果是水果界真正的老大。一个毒倒了白雪公主，一个诱惑了夏娃，一个砸醒了牛顿，一个主宰了广场舞，一个霸占了平安夜……我不多说了，请你带一个吧。"导入，要求学生给这段话分作三层，画出中心句，说说文段的结构，添一个适当的题目。接着，老师请每一个学生捧起自己带来的苹果，分别用动作表现"狼吞虎咽"与"细嚼慢咽"这两个词，并说说自己的感受。随后点拨引出父母对孩子的爱就像苹果一样，平凡普通，也很简单，那就是都希望自己的孩子平平安安。学生对这样的主题活动有亲身经历，有其自身深刻的感受，不仅有了真情实感的内心流露，也有了作文素材的积累。这样的主题班会既达成了主题活动的育人目的，又

获得了学科教学效果的促进。

　　将学生的校园学习生活经历融入真正的班级管理里面去，培养一个"幸福的人、完整的人"，在这个育人的过程中，做老师的一定是幸福的，这样的教育也一定是有生命力的，而这正是我们教师职业幸福的源泉。

学科融合幸福德育的实践

接受新鲜事物快的小学生们，虽然思想相对活跃、可塑性和模仿性强，但分析问题和判断是非的能力以及自我控制、创新的能力却不高。语文学科，工具性与人文性相统一的基本特点，决定了语文是最重要的交际工具。因此，充分利用语文课堂教育的主阵地作用，利用语文教学的方式方法尊重学生的主体地位，实现学生自我教育的愿景，是有效进行德育工作的良方。

一、抓住时机整合资源，以当代时事进课堂

学生是学习和发展的主体，我们应该积极营造有利于学生健康成长的良好舆论氛围和校园环境，为学生的全面发展创造广阔的空间。例如，在组织学生开展"中国梦·我的梦"主题教育时，我们就要坚持立德树人这一根本任务，抓住学生人人有梦想、爱梦想的特点，通过书信、演讲、朗诵、讲故事之班会或课前热身等学生喜闻乐见、生动活泼的形式和丰富多彩的内容，对学生进行中国梦教育。引导学生理解中国梦与个人梦紧密相连，要将个人梦融入中国梦，为实现"中国梦·我的梦"励志刻苦学习，努力奋斗。语文教材中，歌颂新一代建设者艰苦奋斗、无私奉献精神的《把铁路修到拉萨去》和充满生活情趣的儿童诗《我想》，以及表现一个孩子实现纯真善良心愿的《梦想的力量》，就是一个个活灵活现的德育范本。利用语文课堂教学活动，围绕文本内涵，依托当下时事的主题，是对学生进行个人梦想教育并延伸到中国梦德育的最佳桥梁和捷径，具有可见一斑的时代感和实效性。

二、利用语文实践活动，形成德育的重心与张力

1. 找准重心潜移默化

我们时常见到这样的场景：课堂上一个学生正发言，一旦稍有停顿或错误时，别的学生就会急不可耐地想要立即取而代之。长此下来，回答问题的学生再也不敢举手发言，终日"沉默是金"。这对于"学习边缘人"甚至是中等生来说都是不小的打击，这些情绪不利于他们的身心健康成长。为此，对学生进行思想品德教育和心理品质教育等德育课题就迫在眉睫。学生的性格是因受鼓励而形成的。对此，我及时鼓励出错的学生坚持充满信心地把话说完整，同时引导教育学生认识到每个人都有自己的心理安全区，课堂上尊重他人，不随意打断别人的发言，做有绅士风度的"君子"是多么美好的事情！这样一来，人人专注思考，人人争相发言，人人静心聆听，尊重他人，团结互爱……我们又一次做到润物无声、水到渠成了。

2. 利用平台渗透德育

以学校举行"传递感恩·点燃梦想"的教育报告会活动为例，不仅女孩子高小洁、石冉等同学早已止不住泪水哗哗地流啊流啊，就连平时总是活蹦乱跳的"快乐天使"彭小威同学、总是一副"铁面人"形象的小小同学都无法控制自己深受教育的泪水……接着，我们结合《地震中的父与子》《慈母情深》《"精彩极了"和"糟糕透了"》以及《学会看病》的课堂教学并深层引申，又发给每一个同学和前来参加活动的家长们各一张回执，让他们写下自己的感想。许多家长的感言让我深受感动。戴苡的爸爸写道："感恩于心，师恩不忘。父母恩比海深。希望你听了这次感恩报告会后能从中得到启发，从内心感激老师和父母的恩情，努力学习，做个对社会和国家有用的人。"唐腾的妈妈写道："今天，我感觉看到了整个世界，真的很感动，眼泪都滴到了我的心里，在这里我要感谢所有的老师……"利用好随机而来的语文实践活动，使学科融合与德育渗透相得益彰。

三、经典阅读持续性"革命"，借"读"以实现德育常规化

教育首先给学生提供的是一个文明的视野，让他们打开视野，认识这个世界，认识这个时代，这才是教育的首要目标，也是德育的首要目标。而阅读，无疑是最

重要的首选途径。每一本好书、每一份好报、每一篇美文都蕴含着丰富的知识和美好的情感，都可以作为德育的载体，包括爱国主义、革命传统教育、中华传统美德教育和社会公德心、责任感、爱心、积极向上的美好情感的塑造、同学之间的文明礼貌等。中国文字博大精深，文言文、近代白话文、剧本、相声、古诗……处处阅读、处处德育。

《义务教育语文课程标准（2022年版）》关于阅读教学的要求是"培养学生广泛的阅读兴趣，扩大阅读面，增加阅读量。多读书，好读书，读好书，读整本的书。""逐步培养学生探究性阅读和创造性阅读的能力，提倡多角度、有创意的阅读，利用阅读期待、阅读反思和批判等环节，拓展思维空间，提高阅读质量。"只要我们能从阅读的目标、阅读的流程、阅读的策略三方面给予学生明确的指引，持续性地进行经典阅读的"革命"，以教材内容《走遍天下书为侣》《梅花魂》《钓鱼的启示》《开国大典》《丝绸之路》《自己的花是让别人看的》等为大本营阵地，并呈扇形逐层递进地向课外读物拓展延伸，我们的学生就能读有所悟、读有所得、读有所动。新时期形势下，我们还可以结合"读国学经典，做美德少年""社会主义核心价值体系为主题的朝阳读书""书香校园"等，引导学生进行有趣味、有价值、有意义的读书活动，从而取得阅读带来的德育正能量。

对于德育工作者来说，尤其是作为班主任的语文老师来说，在语文教学中渗透德育，是可行且大有作为的。由于德育范畴的广泛性，此文不能一一而足，但只要我们坚持育人为本、德育为先，用心安排教学，就能使德育工作更上一个新台阶。

基于语文核心素养，探索课堂学习策略

一、语文核心素养的内容

学生的核心素养培育是教育界讨论的热点话题。从素质教育的目标而言，核心素养主要包括了技能、知识储备、思考能力等方面。掌握核心素养可以帮助学生适应社会，实现身心健康发展，养成终身学习的习惯。从核心素养的功能而言，语文核心素养是语文学科的教学内容，语文素养的培养已经写进新课程标准中，在小学语文的教学过程中应当做到以人为本，并且促进学生的健康全面发展，帮助学生形成良好的语文学习习惯，养成语文学习的素养，帮助学生利用语文知识处理好复杂的社会问题。

二、语文核心素养的特征

1. 核心素养是一种综合素质

语言文字是学习课文的基础，语文学习是学习其他学科的基础。通过掌握语文核心素养，可以帮助学生建立具有综合性和富有实践性的知识架构，帮助学生提升综合能力和实践能力。语文核心素养的关键在于语文理解能力和运用语文知识进行沟通的能力，是关系到学生日常生活的重要内容。通过培养学生的语文综合素养，还可以对学生进行爱国教育，培养出学生的人文情怀。

2. 语文核心素养的培养具有阶段性特点

语文核心素养的培养对象是学生，学生的学习具有阶段性特征，教师应当根据不同时期学生心理的变化安排不同的课程，帮助学生根据外界环境的变化和自身知识掌握程度的变化调整学习目标。学习具有阶段性特征，小学语文教育也需要从简单到复杂，从量和质两方面都需要不断进行探索，教育学家强调的教学要循序渐进就是这个道理。

3.语文核心素养主要具备的是人文属性

语文基础知识之中的文字具有基础特征，语言学习是为了帮助学生适应生活，语言表达是一种帮助学生掌握生活能力的基本素质，因而语文学习是其他知识学习的基础，语文核心素养的培养也是为了培养学生的人文情怀。由于文字具有感染力，通过富有深情的文字可以帮助学生感受到人性的真善美。

三、培养小学生语文核心素养的策略

1.讲求培养的实效

为了帮助小学生建立语文学习的核心素养，需要根据大纲进行语文教学的同时开展各种富有特色的语文课，激发同学们学习语文的兴趣。例如学习完课文之后，带着学生实地走访课文中出现的名山大川，借助游览名胜古迹的形式向学生介绍中国传统文化，在中国传统佳节的时候向同学们介绍节日的来历。同时应当注意引导班级建立团结向上的学习风气，应当培养学生积极健康的价值观。例如在进行课外文章学习时，选用和借助《小橘灯》这篇课外阅读文章作范本进行阅读拓展训练，可以通过师生互动的办法进行学习，不能依靠单纯的教师授课。教师可以通过提问的方式引导学生学习："同学们有小橘灯吗？"通过这样的问题吸引学生们的注意力。同学们的回答也许是多样的，之后教师需要将学生的注意力再次吸引到语文学习当中去。在语文课程学习结束之后，教师还可以引导学生将自己的理解和学习的具体内容进行对比，对于表现方式不同的地方，通过鼓励和引导学生提升自己的理解能力。还可以创造条件，与学生一起自制"小橘灯"。

2.健全语文学习的评估方法

现阶段的小学语文教学大多是基于课程标准导向的教学，教学的目标在于满足课程大纲的要求，教师应当帮助学生建立学习的具体目标。为此，教师可以尝试将学生划分为不同的年龄阶段，针对不同年龄阶段的学生心理特征安排不同的学习策略。对于小学高年级的学生而言，安排更多的学习任务。对于语文教学效果好坏的评估不能仅仅依靠课时标准和学习成绩，应当通过合理安排课程减轻学生学习负担的同时帮助学生提升各方面的综合素养，注意不能仅仅依靠单次的考试成绩就评判学生的语文素养。语文教学效果的评估应当从语言和审美以及学生的思维能力等方面综合评估学生的能力，评估结果应当及时向老师和学生反馈，便于帮助学生了解学习素养养成方法的改进途径，实现语文素养的真正提升。

3.尝试利用现代网络技术

随着信息时代的到来，科学技术飞速发展，网络技术也日新月异，进行小学语文教学不再局限于传统的授课办法，可以借助网络课程帮助学生进行语文学习。网络语文课程的授课应当被语文老师重视。教师可以借助网络课程进行教学，也可以通过网络平台进行授课，方便学生课前的预习和课后的复习。

在当前的语文教学研究中，学者们热烈地探讨语文核心素养培养的内容。在语文教学过程中，我们要把握好时代的要求，培养好学生的语文核心素养。

以学生为本的语文核心素养学习策略探究

语文是一门基础学科,工具性与人文性统一的基本特点决定了语文是最重要的交际工具。《义务教育语文课程标准》明确提出了"语文课程必须根据学生身心发展和语文学习的特点,关注学生的个体差异和不同的学习需求,爱护学生的好奇心、求知欲,充分激发学生的主动意识和进取精神,倡导自主、合作、探究的学习方式"的总体要求,这就意味着要让学生更多地直接接触语文材料,在大量的语文实践中掌握运用语文的规律,使学生真正成为语文学习的主人。

一、借助图文感受语文之美,孕育语文核心素养价值观

在整个小学阶段,语文教材都没有离开过看图学文,从一年级到六年级都是如此,可见看图学文的重要性。在教材《燕子》一文中,作家用优美的文笔,画家用鲜艳的色调,为我们描绘出他们看到的燕子。写景最终为述情,缘情是由于叙景。文中,作者不仅仅写了燕子,还为我们描绘了一幅春景图:"才下过几阵蒙蒙细雨。""青的草,绿的叶,各色鲜艳的花,都像赶集似的聚拢来,开成了光彩夺目的春天。"之后,作者的仔细观察为我们带来了美好的想象。文笔平缓淡然,行文却从容自如,随感而发,娓娓而谈。篇幅虽短,但是情与景却历历在目,生动感人,给我们一种"采菊东篱下,悠然见南山"之美感。实践告诉我们,在看图学文教学中,教师必须引导学生认真分析课文是如何用优美的语言(文)去描绘自然风光(图)的,使学生产生共情,受到强烈的感染,把学生带进美的意境中去,从而

感受自然之美、生活之美，最终领悟到作者所要表达的思想，达到《义务教育语文课程标准》指出的"理解、鉴赏文学作品，受到高尚情操与趣味的熏陶，发展个性，丰富自己的精神世界"。

二、情境式评价语言构建快乐课堂，推广学习策略的可行性

以语文教学中的诵读为例，语文教学从来就离不开诵读训练，可谓是"一日不读无语文"。我们应注意加强对学生平日诵读的评价，鼓励学生多诵读，在诵读实践中增强积累，发展语感，加深体验和领悟。比如，教师指导学生读句子："春天来了，小区的绿地上花繁叶茂，桃花开了，月季花开了，浓郁的花香吸引着安静，这个小女孩整天在花香中流连。"也许因为当时临近下课了，学生的注意力有点儿涣散，课本拿得东倒西歪，读书声显得有气无力。这可怎么办呢？教师想了想，说："哎呀呀，我们怎么走错路了？这是一座光秃秃的山，无花无草，不美不美！"学生抬起头，惊讶地看了老师一眼，好像突然明白了什么，连忙捧正课本再读。这一次的朗读，声音响亮了许多，但还是有点儿乱。教师微微一笑，说："呀！我们没到小区，倒先路过菜市场了！"不少学生笑了，但可以看见他们的心思已经回到课文之中，书拿稳，背挺直。第三次朗读，流利整齐，可是缺乏情感，显得干巴巴的。当学生齐读完后，他们都看着老师，眼里充满了期盼。于是教师挥了挥手，说："小区的门口到了，阵阵花香扑鼻而来，我们快进去瞧瞧吧！"这时，全班同学都显得兴趣盎然，神情专注，又一次兴致勃勃地读了起来，有的同学甚至情不自禁地手舞足蹈，为朗读配上了优美的赏花的动作。教师忍不住竖起大拇指，夸张地赞叹道："哇！好个美丽的花园小区啊！小君，你看见了吗？闻到了没？请你来读一读。""小豪，你呢？"在这热烈氛围的熏陶感染下，同学们竟都跃跃欲试，读得声情并茂极了！"铃……"下课了，居然还有许多同学嚷着要读给大家听！

这节课能有这样美好的结局，达到了教师想要的预期效果，不得不令人感到欣慰。我们就是要让学生懂得：语文不是为了读而读，更重要的是在诵读中受到高尚情操与趣味的熏陶，发展个性，丰富自己的精神世界，提高独立阅读的能力。我们就是要"突出语文课程评价的整体性和综合性，从知识与能力、过程与方法、情感

态度和价值观几方面进行评价，以全面考察学生的语文素养"。

三、点拨式教学活动，提升学习策略的效能性

学生形成小组围坐式的座位方阵，小组内进行自读、自查、自我提问、自我解题的自主性超前学习，鼓励他们一题多问、一题多解，再根据存在的疑问进行点拨启发。这是采取点拨式方法进行课堂教学，也是提升学习深度和提升学习策略效能性的良好途径。在教学文言文《学弈》时，教师可采取"充分地自主读悟——有效地互动合作——积极地探究实践"三个步骤进行教学活动。在"自主读悟"这一环节中，通过"诱导——熟读——巧解"等方式，教师用不同的语调、不同的要求引导，鼓励学生进行合作与探究性学习。教师把学生置于前台，让其自求而得之。学生能利用多种形式先将古文读通、读顺，再借助注释理解、翻译，就不可能读不懂这浅显的古文。大胆相信学生、依靠学生，积极为学生的自主学习创造机会和条件，老师才能够少教却又可以让学生多学。探究实践，实则也是尝试深度延伸拓展。逐步培养学生探究性阅读和创造性阅读的能力，提倡多角度的、有创意的阅读，利用阅读期待、阅读反思和批判等环节，拓展思维空间，提高阅读质量。

四、关注全体学生得到发展，发展运用学习策略的整体性

学习落后的学生普遍的特点之一往往是自尊心强而求知欲低，这时候应该对学生进行常规性相机诱导，告诫他们"应该有恒心，尤其要有自信心，必须相信自己是有能力的，而且要不惜任何代价把这种能力发挥出来"。帮助学生提高自信心和思考力，教给适合他们掌握的技能、技巧、方法，帮助他们取得学习的自我成就感和内在驱动力。正如叶圣陶先生说："凡为教，目的是在达到不需要教。"如在教学《只有一个地球》这一课时，教师可按教学目标均衡搭配优中后学生进行分组，再按小组分配任务：有的找出文中描写地球可爱的语句，有的找出文中采用了说明方法的句子，有的负责就课文内容提出疑问，有的负责回答别人提出的问题……小组内进行分工，比如谁收集有关保护地球的文字资料，谁负责收集图片资料，等等。各个小组间还要互相合作。如此合作探究学习的有序开展，能照顾全体学生，更能使原本学习落后的学生强烈地意识到自己的存在感，学习效益自然得到提升。

"儿童是起点,是中心,而且是目的。儿童的发展、儿童的成长,就是理想所在。只有儿童才是标准。"(杜威《儿童与课程》)我们的语文教育就是要在语文教学实践中贯彻落实学生本位的理念,运用有效的语文学习策略发展学生学习的主动性,提升学生的语文核心素养,使学生真正成为学习的主人。

助力孩子做一粒好种子

崇和于心，尚雅于行，幸福德育是塑造人的灵魂的工作。针对特殊班级，助力孩子做一粒好种子及群体，从德育、细微关爱、家校共育等方面着手，以班集体活动为载体，坚持以学生为本、以生活为本位，以师德师爱的渗透教育为依托，构建充满爱和梦想的班级，努力使校园生活成为每一个学生终身美好记忆的巨大源泉。本文以方方同学的转化为个例，进行德育成效探索实践。

一、案例背景

新学期，笔者接手了这个"特殊班级"，这是学校出了名的"五星"班级，班级风气不佳，成绩全校倒数第一，其中班级里有好几个是全校出名的"超级捣蛋鬼"，不爱学习、违反课堂秩序、欺负同学、打架斗殴这都是家常便饭，老师们提到这个班都为之皱眉。特别是方方同学，本班最有名的"捣蛋王子"，不夸张地说，班里任何一件坏事都与他有关。不仅在学校如此，在家里他也不听妈妈的话，方方的爸爸常年在省外工作，对方方疏于管教，妈妈的身体状况不是很好，对于方方的教育问题，她也经常被"请"到学校来，但她也是力不从心，唉声叹气。接手这样的班级，实话说，笔者起初有些沮丧；对于方方的教育问题，更感到棘手和无奈。但心底的教育理念告知笔者，每个孩子都是一粒优秀的种子，不能因此而放弃，抱着这样的教育信念，笔者决定先从"转变"方方同学开始。

二、教育策略

1. 时时关注，细微关爱

不管是清晨还是黄昏，不管是在操场上还是在教室里，不管是课间十分钟还是在放学路队的那片刻间，几乎每时每刻都能让方方同学感受到老师的关注和目光，在无形中使他产生一种"别想耍花样"的敬畏感和现实感。课堂上，只要他稍微走神或者做一些小动作时，他便会"享受"到"优厚待遇"，如，提问他刚刚讲过的内容，若不能回答准确，他就会被毫不吝啬地赠送"特别的礼物"。当着全班同学的面受到"礼遇"，即使是方方这样调皮的孩子也会感到一些不好意思和"难堪"，而这种"难堪"，可以促使他认真听讲、努力向学，在经历两次这样的"礼遇"之后，笔者发现，在课堂上方方明显有进步了，至少能集中精力听课了。这看似是学习上的进步，实则是思想上的转变，当学生的思想发展转变，进而会带动行为上的改进。笔者给予方方在学习上的关注，让他被动接受，但这实则是对他的关爱，当他感受到这种关爱，他便会不自觉地调整自己的状态，进而达到德育的良好效果。

第一学期，为了"整顿"班风，经常定期召开"班级董事会"。每周召开班干部会议讨论班级工作，并有针对性地邀请部分同学来旁听和发言，如讨论学习时，就邀请方方同学来谈一谈他近期的困难与苦恼；讲到卫生问题时，邀请那些随地扔垃圾、不尽责的值日生来谈一谈相关方面的电影或书籍……当然，这些"特别嘉宾"都有一定的发言权，旨在让他们认识错误并实现自我教育能力的提升，让他们感觉这是一种分享和自我认知，而不是单纯的被批评，在这样公开但又不严肃的环境中改变他们的认知，孩子也在一次次的发言中认识到自己的问题。经过一个多学期的实践证明，这种艺术性的调控相较于班主任包揽一切的传统做法，充分地激励了学生参与班级管理的主体性和积极性，以方方同学为首的班级"调皮团伙"也都有了很大的进步。孩子的教育不光是正面批评和指正，有时候可以换个方法，让他接受、认知、改变，单一的灌输教育有时候反而会适得其反。

2. 以心谈心，活动育人

笔者坚持每天找方方谈话，相信话语间的鼓励和支持会让他有所触动。按照叶圣陶先生的教育小妙招，每一次谈话前，笔者总是先给他一粒糖，以奖励他按时"赴约"，没想到这个小举动方方还挺喜欢，看来是他能接受的方式，《做一粒好种子》是我们每一次的谈话主题。在一次谈话中，得知他妈妈做了卵巢肿瘤剔除手术，笔者在周末特地带了水果、营养品上门看望，从方方惊讶随又微笑的表情上可以看出，这次家访给母子俩带来了关爱和温暖，使方方同学那过早叛逆的心深受触动和感动。

同时，笔者也注重创造班级集体活动，以此形成良好的班风以达成更好的成长助力效果。有一次举行"传递感恩•点燃梦想"的主题活动，邀请了班里的家长参加。方方的妈妈也受邀加入，在活动氛围的带动中，方方感触颇深，甚至还流下了眼泪，深情相拥着妈妈，让人动容。活动结束后，将孩子们参加活动的照片做成PPT课件，再次与孩子们在充满感染力的音乐中一同欣赏、回忆、感受。这些班集体活动，不仅让班上的整体氛围越来越和谐，同时也在潜移默化中改变了方方同学。班集体的活动会感染每个孩子和家庭，让孩子在班集体中找到归属感，在父母的相互感动中发现爱与责任，在自然真情的流淌中让孩子感受爱、给予爱、传递爱。

3. 家校沟通，师爱延伸

充分利用家长会、家访、电话连线等方式与方方妈妈及时交流，即使在寒暑假期间，仍保持与方方妈妈电话交流或信息沟通，指导方方妈妈应该在哪天检查方方的哪项功课完成得怎么样，或者如何引导方方合理收看有益的电视节目以及进行有意义的课外阅读……指导方方妈妈适当地安排、管理假期里的方方，不能因"无师管"的松散日子而荒芜了"健康成长"这块"责任田"。当笔者得知，寒假里方方爸爸会回来休假一段时间后，笔者及时改进教育策略，希望能促进方方和爸爸的亲子互动。爸爸也很配合班主任工作，爸爸坦言，平日里和孩子的接触较少，父子间的感情有些生疏，为了能增强方方与爸爸间的父子情，笔者结合方方现阶段的情况，给爸爸支招——爸爸可以带方方一起看一场电影，或者去足球场上来一场男生间的"较量"……因为方方曾在和班主任谈话中流露非常羡慕那些平日里可以和爸爸一起看电影或者踢球的同学。笔者还结合《地震中的父与子》等课堂教学给假期里的方方布置了课外作业引申，采访自己的父母，要求仔细观察父母上班前、下班后辛苦忙碌的情景，请父母谈谈对自己的期望，而后给他们写封信，信中要有赞扬他们和请他们原谅的内容，写好后请家长过目。这一作业的完成，彻底融洽了方方与父母之间的关系。

在开学初期，据方方妈妈反映，这个寒假里能感觉到方方的变化很大，爸爸也很欣慰地继续踏上工作之旅，父子俩还承诺，每个月保持一份书信往来。

三、基本成效

经过坚持不懈的培养、指导、关心和帮助，曾经个性过度张扬的方方同学终于重新自尊自爱起来。认识到自己的价值，学会了将这种认识落实到行动上，对老师、对同学的态度都有了实质的改变，整个人变得阳光正气、积极乐观，真正成为一名合格的小学毕业生。他开始喜欢上学，喜欢上课，在课堂上，他已经能专心致志地听老师讲课，认真做好笔记，并且敢于提问，善于质疑，勤奋练习，他的成绩一步一个脚印地在提高。课外，他阅读有益的书报，开阔了视野，增长了知识。当有了"学习"这个大事让他忙活后，他已没时间跟老师们顶嘴，再不去跟别人打架了。生活中方方在家里的表现也大为改观，不仅不再顶撞妈妈，还主动分担了许多力所能及的家务活，不需要妈妈操心，还懂得照顾妈妈，孝顺妈妈。

"一流人才好比一棵棵大树，不仅需要教师的浇灌，而且需要长期的成长，有一个非常漫长的过程。"尽管"学生"这个谜看似深不可测，但作为教师要心中有德，德中有爱，求真务实，就能揭开这个可爱的谜底。"教育就是一片云推动另一片云，一棵树摇动另一棵树，一个灵魂召唤另一个灵魂。"只要教师用真心关爱学生，用智慧启迪学生，设身处地地钻进孩子的心底去，必然影响并拓宽教师的思考——成就每一个孩子，让每一个孩子都成为一粒好种子并助力其长成参天的大树。

后 记

海风轻轻吹

往事只能回味，"零落成泥碾作尘，只有香如故"。我的思绪回到了二十五年前，我入职教师行业的第一年。那些时光里，当我坐在窗前，柔和的晚风裹着淡淡的咸腥味拂过脸庞、滑过双臂时，一种惬意轻松而甜美的感觉便油然而生，而这种感觉又不由得让我再次真真切切地感受到：我生活在这样一个村庄——我的第一所任职学校——楼下小学。那时的校园周边，以荔枝树、龙眼树居多，桃花心木并不多见，校园里也还没有栽种这样一个品种的树。

一九九八年，这里是一个山清水秀但较为偏僻的小山村，有一条挺宽的马路从村边绕过，贯穿于熙攘的小镇与浩瀚的大海之间。我们的校园坐落在村子与大马路的交叉口，背靠荔枝园，面向大海。每天，站在教学楼的二楼走廊里，就可以望见因四季轮回而变换色彩的田野，以及因天气的缘故而变幻莫测的海洋。印象中总抹不掉这交相辉映的如诗画面，我在校园里的工作、学习和生活便也融化在这一海一田之中了。

刚入职那阵，我常常一个人住在校园里，一放学，喧闹的校园一下子就安静下来，显得空荡荡的。尤其在暮色降临，天空渐渐黑起来的时候，整个校园更显得寂静，偶尔听见风吹得树叶哗啦啦响，常常让我感到害怕。后来，跟同事、学生渐渐熟络起来，才不再感到孤独无助。学生是可爱的精灵，是欢乐的天使。"老师，星期六我们去沙滩玩，好吗？""好啊，老师，拉钩！"我被他们逗笑，我还没来得及回应她们呢，她们就自顾自地"答应"了。可我还是很认真地跟这几个小女孩儿拉了拉手指，盖了"章"。"老师，给你猜个谜吧，谜面是'一言为定'。"另几个嘴快的小女生瞬间就嚷开了："这么简单，'哎哟'的'哟'呗，还想考老师呢！"于是好多个星期六，总有一个大小孩领着一群小小孩，迎着金色的阳光踏着沙滩前行，又披着黄昏的余晖，兜着咸咸的晚风踏着沙滩而归。

又放学了，学生背着书包说了声"老师，再见"便兴高采烈地回家了，同事们也道了声"再见"就下班了，热闹的校园刹那间又安静下来。但我不再觉得被孤独扰得彷徨，因为我又坐在了窗前，看见了田野，看见了大海，甚至看见了从课文中浮现在我脑海里的桃花心木的婆娑。我听见那柔柔的海风正轻轻地吹，在这海风拂过心头的时候，我与班级、我与课堂、我与学生，教育工作中的一切，以及校园生活中的一切，便都无比生动起来。

2023年10月18日